中国物流专家专著系列 ·2023

国家物流枢纽发展理论与实践

陆成云　著

中国财富出版社有限公司

图书在版编目（CIP）数据

国家物流枢纽发展理论与实践/陆成云著. —北京：中国财富出版社有限公司，2022.10

（中国物流专家专著系列）

ISBN 978-7-5047-7786-7

Ⅰ. ①国… Ⅱ. ①陆… Ⅲ. ①物流—交通运输中心—经济发展—研究—中国 Ⅳ. ①F252

中国版本图书馆 CIP 数据核字（2022）第187994号

策划编辑	赵雅馨	**责任编辑**	白　昕　王新月	**版权编辑**	李　洋
责任印制	尚立业	**责任校对**	杨小静	**责任发行**	敬　东

出版发行	中国财富出版社有限公司		
社　　址	北京市丰台区南四环西路188号5区20楼	**邮政编码**	100070
电　　话	010-52227588 转 2098（发行部）		010-52227588 转 321（总编室）
	010-52227566（24小时读者服务）		010-52227588 转 305（质检部）
网　　址	http: //www. cfpress. com. cn	**排　　版**	宝蕾元
经　　销	新华书店	**印　　刷**	北京九州迅驰传媒文化有限公司
书　　号	ISBN 978-7-5047-7786-7 / F · 3477		
开　　本	710mm × 1000mm　1/16	**版　　次**	2023年 8 月第 1 版
印　　张	9.75	**印　　次**	2023年 8 月第 1 次印刷
字　　数	175千字	**定　　价**	58.00 元

目　录

上篇　国家物流枢纽发展理论

下篇　国家物流枢纽建设推进

上篇
国家物流枢纽发展理论

物流枢纽是现代物流遵循规模经济和网络经济规律，不断产业化发展的产物，具备要素聚集、网络塑造、产业服务等功能特征，在现代物流体系中发挥着重要的组织载体作用。近三十年来，在宏观规划指导、城市政府具体引导下，以物流园区等设施为代表，我国物流枢纽设施得到了长足发展，客观上提高了我国物流总体运行组织效率，对促进物流降本增效、支撑经济高效循环发挥了积极作用。但是需要看到，由于较长时期以来，对物流枢纽的内涵特征以及发展机理的认识尚处于不断完善的过程中，我国早期物流枢纽的发展，缺乏以实际网络运行为导向的顶层设计，缺乏支撑国家物流运行系统的关键物流枢纽设施布局和建设的有效引导，在各地区、分领域各自推进物流枢纽的发展中，形成了布局欠均衡、发展不集约、组织缺规模、运行少联系的物流枢纽设施结构。这种发展既有结构不仅不利于城市土地的集约利用，制约物流设施公共性服务的建设，也难以承载和开展全局性的网络化物流组织、全面提高物流运行效率，更难以承载供应链组织功能、促进经济发展转型升级。

为加快推进物流枢纽高质量发展，并为更好发挥物流枢纽在引领现代物流体系建设中的关键抓手作用，国家于2018年发布了《国家物流枢纽布局和建设规划》(以下简称《规划》)，旨在按照供给侧结构性改革主线，顺应网络化、规模化、集约化、信息化等物流发展大势，通过在庞大、分散的存量枢纽设施基础上，深化资源整合，强化运行引导，建设国家物流枢纽，全面优化我国物流顶层枢纽布局和功能，有效引导物流资源高效集聚发展，加快塑造国家物流网络化运行体系，促进物流服务组织模式创新和服务经济产业的效能。本篇内容从物流枢纽发展的机理和内涵特点分析入手，梳理我国物流枢纽发展基本情况，分析国际发展经验，提出对国家物流枢纽发展的认识，并结合《规划》对枢纽布局和发展任务提出行业视角的有关思考。

第一章　物流枢纽的发展逻辑

在现代物流由经济运行和产业组织的功能环节向独立产业的演进中，各类外部工贸产业追求物流环节成本效率优化是驱动演变的核心动力，这种动力作用到物流环节，促使物流要素按照规模经济、网络经济的行业特色组织规律，进行着产业化、专业化的变革。物流枢纽是物流产业化和组织化发展到一定阶段后出现的一种组织形态，强调以物流要素在空间上高度规模集中，实现运作组织规模，突出以物流枢纽的组网运行，实现网络的均衡与层级网络的合理塑造，从而成为推进物流规模化、网络化运行的核心设施。与此同时，基于物流的派生性服务产业特征，物流枢纽承载了物流要素的聚集发展和组网运行功能。从其服务于产业组织的逻辑关系看，物流枢纽也是全社会产业链供应链集成组织的平台，因而具备了鲜明的产业组织功能，成为各地营造物流环境，推动产业升级、高质量扩张发展的重要手段。梳理物流枢纽形成的本源逻辑，厘清物流枢纽发挥作用的核心机理，是推进物流枢纽高质量发展的基础。

一、物流枢纽是物流产业化与组织化发展的产物

以供需双侧的降本增效为发展核心动力，以组织化、专业化等为发展的内在逻辑，以形成独立、第三方的物流服务企业和服务载体等为形态，与我国经济的市场化发展和持续升级同步，现代物流产业逐步出现和发育。在物流自身特色的规模经济、网络经济规律作用下，现代物流产业的空间结构、主体结构、运行关系不断调整，作为物流组织化的核心载体，物流枢纽应运而生。

（一）现代物流产业化与组织化发展

1. 现代物流的产业化发展

满足工贸等各类实体企业追求物流环节降本增效的外部要求，是物流产业化发展的核心动力。在市场化环境下，各类工贸企业为追求其运行水平的优化，对作为生产流通中间环节的物流活动，提出了不断压缩成本、提高效率的要求，而早期内化在产业功能角度的物流环节，其主要角色为企业的特定生产部门，不具备对接企业外部需求的条件，难以提高载运工具、仓储资源等的利用水平。为适应成本要求，独立并专业化运营、可提供公共服务的第三方物流企业应运而生。这种全社会海量实体经济主体的普遍性共同需求，促使企业内部环节的物流要素，围绕对专业化效率、资源利用效率的追求，不断独立出来，并伴随服务功能的差异要求而不断发展细分市场，形成了我国的物流产业系统，物流枢纽就是这种产业系统的重要组成部分。

2. 现代物流的组织化变革

上述现代物流的产业化发展的演进方向，是由现代物流的组织优化要求决定的。为适应外部需求侧降本增效要求，物流产业系统内部不断按照物流特定的行业运行特点进行组织化变革，以实现物流自身的效率、成本、质量优化，并体现为物流企业的形态与功能、市场主体的规模结构、要素的空间结构、物流运行组织模式等方方面面的演变。从独立的物流业出现开始，随着外部宏观经济结构变化、产业组织模式变化、技术装备升级、组织手段创新，这种组织化变革持续进行，形成了当前我国的物流产业系统和运行系统。需要认识到，这种组织化的演进随各种条件变化而永无止境，但究其根本，要遵循一定的行业规律，必须深刻研究和把握物流领域组织化演进遵循的行业发展基本规律，前瞻性地谋划物流发展，事实上物流枢纽就是这种规律作用下的产物。

（二）物流规模经济与物流枢纽发展

不断发掘物流的规模经济是物流产业化、组织化过程中所遵循的基本规律之一，即通过实现物流的规模化运作，提高供需适配的效率，提升运载工具、仓储资源等各类资源的运行和利用水平。从演变过程看，在物流组织化变革中追求物流规模经济，大致体现为以下几种主要的形态与路径。一是企业三方服务化发展，即通过生产、流通等企业物流环节的独立化和服务公共化转变，使得可组织物流的需求由原先的企业内部需求，扩大为面向全社会的需求，从而实现物流规模化组织。二是物流企业的规模化发展，由于规模化的需求与规模化的供给相辅相成，物流企业不断扩大自身能力规模、提高外部组织需求的规模，形成企业规模扩张发展。三是空间形态的规模化发展，为进一步追求规模化组织，以物流园区等为代表，出现了依托特定空间聚集更大规模的储、运等企业和资源，形成空间集中规模供给的形态，成为具有一定公共服务特征的物流业规模经济实现路径。四是信息形态的规模化发展。在现代信息手段出现并广泛应用后，以各类平台为主要形态，从运行角度对开放性的供需信息资源开展集中对接和规模组织，从而进一步发掘物流组织的规模经济。由此可见，物流枢纽是在物流业追求规模经济的过程中，以空间维度为主要特征，形成的一种规模运作和组织形态。需要指出，各种围绕追求物流组织规模经济而出现的物流发展形态，虽呈现出现时间的先后性和不断递进的发展性，但都在实现行业规模经济的发展中，持续发挥着作用，而非某种形态替代其他形态规模化发展的关系，因此很多形态是交织出现的，如物流枢纽的空间规模集聚（也称聚集）特点往往也伴随着信息化的集成规模特征。

（三）物流网络经济与物流枢纽发展

物流天然具有跨区域组织的空间性特点，单纯的物流规模经济，并不能涵盖物流组织的经济性要求。在空间角度，现代物流还遵循相应的网络经济规律。物流的网络经济规律主要体现在两个方向的组织化特征趋势，一是网络的闭环性组织特征，即在国土空间上，构建闭环的网络组织系统，实现运输活动在各节点间高效往返，通过减少空载、加快流转、提高均衡性等组织优化，获得网络经济性，促进降本增效。二是网络的层级性组织特征，由于铁路、水路、航空、公路等不同的运输方式具有不同的成本、效率、规模、速度等经济性，因此，合理的网络结构具有分层组织特征，即在干线上，形成以特定运输方式为主的低成本、大运量通道网络，并通过节点向区域进行灵活性、全覆盖的集散辐射网络组织，从而实现整个网络运输系统的成本与效率优化。物流网络经济的闭环性和层级性决定，物流空间节点的支撑是必然要求，这种节点就是网络组织功能角度的物流枢纽，因此，追求物流网络经济也是物流枢纽形成的重要逻辑。

（四）规模和网络的融合与物流枢纽发展

运输是物流的基本功能之一，基于物流的空间位移特性，物流规模经济的实现，必须与网络经济结合才能具备经济性。以公路运输领域为例，早期我国公路运输企业探索扩大企业运力规模，但实际效果不佳，其原因就在于规模经济和网络经济的协同发展路径不清晰。事实证明，企业简单地扩大车队规模，但缺乏在网络空间上进行闭环组织，并不能有效实现组织效率和经营效益。同样，物流的网络经济实现，也离不开规模化运作的支撑环境，特别是围绕分层的网络化运输系统，需要在大通道节点形成规模化组织条件，以确保铁路、水路运输等通道化和大运量运输方式的有效开展，同时也为向周边进行辐射的联运组织，提供规模基础上的规范、稳定、高效组织。可以看到，对物流规模经济与网络经济的整体追求，在追求的综合手段上均指向了物流枢纽的发展，这也使物流枢纽在物流的组织化中发挥着至关重要的作用，成为推动现代物流业发展的关键。

二、物流枢纽具备物流组织与产业组织双重功能

物流枢纽是在物流行业追求规模经济、网络经济中，在空间维度和公共化角度形成的特有发展形态，必然承担物流组织的基本功能。与此同时，基于物流与经济运行的供需双侧关系，物流的产业化与组织化发展，本质上是对全社会分散的各类产业组织物流环节的重新架构，物流枢纽作为物流组织的关键载体，也是供应链组织的平台，因而具备产业组织功能。

（一）物流组织功能

储、运是物流核心功能环节，对储、运的有效组织是物流枢纽最为核心的基础功能，基于上述物流枢纽形成的基本逻辑，物流枢纽对储、运的

组织有其特有的规模和网络经济特点。从运输组织看，物流枢纽的运输组织具有规模基础上的网络化特征。物流枢纽通过物流运输企业的聚集和供给能力的集中，提高运输需求的空间运作集中度，从而提高供需匹配效率，实现运输组织的规模经济。而物流枢纽追求运输规模化组织必然伴随着运输的网络优化组织，以闭环、均衡、分层的网络结构为导向，形成国际通道、国内通道、区域支线、城市配送的四级网络，最终实现不同距离、不同规模运输的网络经济性。围绕物流枢纽的进出两端运输，虽不一定是由不同经济性的运输方式完成，但是大多涉及不同层级网络的衔接，物流枢纽必然承载2个或2个以上层级网络集成组织功能，从而体现出显著的网络特征。正因如此，在物流枢纽发展的语境体系下谈运输，应更多侧重网络关系，而非具体的运输方式组织本身。从仓储组织看，物流枢纽的仓储组织具备仓容集成的规模化和服务公共化特点，并且物流枢纽由于形成仓储组织与多层级网络运输组织的密切融合环境，使仓储由服务企业生产流通环节逐步向嵌入产业链条和延伸创新服务功能转变，构成开展供应链组织的核心基础。

（二）产业组织功能

不同层级运输网络在物流枢纽空间对接运行，以及仓储与层级化网络运输在枢纽的衔接配合，直观地表现为物流环节组织，间接反映的是产业供应链组织要求。本质上枢纽的物流组织就是产业供应链组织的映射，基于物流枢纽提供的多环节功能集成和公共化服务，物流枢纽的运行实际已经嵌入区域产业组织链条，并成为产业组织的一种重要形态。物流枢纽的产业组织功能主要体现为对供应链的集成，包括两个主要的集成角度。一方面，体现为对供应链环节进行规模和公共化集成，即对分散的生产流通企业在运输、仓储及关联环节的集中统一运作，从而实现产业组织过程的规模经济，全面促进经济运行降本增效；另一方面，体现为对供应链服务功能的集成，即围绕供应链各环节，将运输、仓储/流通过程中所需要的保税、国际、结算、信息等服务功能进行衔接，形成对供应链全链条的综合服务集成，有效促进产业组织方式以及背后的业态模式创新。物流枢纽形成的两种供应链的集成组织，深度改变了产业组织模式，使生产、流通过程按照物流的规模网络经济进行了供需逻辑和操作结构上的分离，并在信息化和智能化的基础上，兼具对实物流转的规模网络效率，以及对供应链的个性化、分散性、灵活性组织特征。

（三）产业开发功效

物流枢纽对供应链的集成，使得区域产业的运行成本、效率、辐射范围发生根本改变，从而在业态模式的创新与培育、发展环境的改善等角度具备了区域产业开发功能，这也正是近年来各地普遍将物流枢纽设施的建设作为谋划区域经济发展、推进产业开发重要路径的内在原因。一方面，物流枢纽与区域产业的融合运行，促进产业模式创新与产业规模扩张发展，物流枢纽所形成的低成本、高效率、网络化服务条件，既促进有关产业在网络支撑下，开展对更大范围内的生产资源、市场空间的有效组织，实现生产、流通的规模扩张，又有效地创造了产业服务功能的融合环境，促进业态模式的创新和新价值的发掘。另一方面，物流枢纽的发展和网络系统的塑造，对于优化区域物流资源配置、促进区域物流运行的整体降本增效具有积极作用，这实际上为区域经济营造了新的发展环境，提高了区域经济布局的竞争力，有利于引导增量经济布局、支撑和引导区域经济开发。

三、物流枢纽的形态及内涵特征

较长时期以来，学术领域并没有特别明确地提出物流枢纽概念，反映在实践中，我国的物流枢纽形态、称谓均较为复杂。从枢纽形态来看，既存在宏观城市维度的物流枢纽形成，也包括微观设施角度的物流枢纽形态，设施枢纽包括传统的运输枢纽，以及物流园区、物流中心等不同形态。从称谓来看，存在物流园区、物流中心、物流节点、物流枢纽等不同表述，这些表述具有相似性，都涉及物流枢纽有关特征，但又存在差异，并且多数情况下，对物流枢纽设施的称谓通常并不以枢纽来表述。物流枢纽的概念和形态的相对复杂，一方面是缘于表述的角度有差异，另一方面也反映了对物流枢纽的内涵特征尚待进一步深化认识。有必要对物流枢纽内涵、特征形态等进行梳理和分析，并由此进一步聚焦对物流枢纽发展要求、发展动力等的认识，以更好推动物流枢纽高质量发展、切实发挥物流枢纽的作用。

（一）物流枢纽的形态和表述

1. 城市物流枢纽和设施物流枢纽

在物流枢纽的发展实践中，存在宏观城市物流枢纽和微观设施物流枢纽两种形态。在我国各类物流发展的相关规划文件政策中，物流枢纽多被表述为城市形态，有关文件在描述城市在区域物流中的发展定位时，也往往提出城市物流枢纽的概念。城市物流枢纽强调枢纽的总体辐射特征，通常表现为涵盖物流、交通、经济的整体系统概念，而不具体阐述运作组织角度实现物流辐射的设施载体、辐射空间、组织方式等。微观的设施物流枢纽多以特定发展项目形态出现，具有清晰的项目空间边界，有着明确的枢纽功能和具体设施构成。设施物流枢纽（也称物流枢纽设施）类型多样，但不一定在称谓上表述为物流枢纽，通常表述为物流园区、运输枢纽、物流中心、配送中心等。

2. 设施物流枢纽分类

在实践中，由于发展历史沿革和不同发展的需要，微观设施物流枢纽存在较为复杂的分类，总体来看存在以下三种角度的分类。一是功能角度的分类，即主要从功能角度进行设施物流枢纽的界定，有的称为运输枢纽；有的称为物流园区；有的冠以运输与物流相结合的名称，如铁路物流枢纽、航空物流园等；有的以服务对象产业为命名指向，如商贸物流园、制造业物流园等；还有的以特殊功能为导向，如口岸物流园区、保税物流园等。二是性质差异分类，微观的设施物流枢纽存在不同的运营关系和发展性质，有的是以特定企业自身的节点设施形态出现，如一些网络型物流企业在特定城市的物流设施，以服务自身运营为主；有的则以公共化形态出现，如特定城市的物流园区等，以集中各类物流企业共同开展物流组织为主。三是规模和层级分类，在有关物流规划中，通常对枢纽进行层级划分，如一级节点、二级节点，或主枢纽、次级枢纽等分类；在实践的设施规模上，也存在规模和实际的层级差异，有的设施物流枢纽占地、运作能力、要素聚集程度均较高，形成对区域的综合服务，有的则规模较小，以服务周边部分产业为主，典型的层级分类如配送领域的分拨设施与末端城配设施的层级。

由以上梳理内容可见，尽管物流枢纽的发展在基本原理上是一致的，但在实践中，具有物流枢纽有关特征内涵的设施发展形态却较为复杂，必须回到物流的本源特征，对物流枢纽内涵特征进行分析，以便更好聚焦物流枢纽的发展问题。

（二）物流枢纽的特征内涵

1. 物流枢纽具备要素聚集为特征的空间属性

物流枢纽追求规模经济的核心路径是有效地聚集物流资源，这种对要素规模聚集的基本要求决定，物流枢纽体现较强的空间属性，并在宏观空间上表现为在国土范围内的空间格局，以及在微观空间上表现出来的具体设施空间。上述城市物流枢纽、设施物流枢纽等不同形态，均具有要素聚集和空间特性，区别就在于，前者是在宏观的大尺度城市及区域空间形成要素的聚集和笼统的规模发展，后者是在微观的设施空间形成要素集聚和运作意义上的规模化。推动城市物流枢纽的发展，具有在中观、宏观维度推进物流组织化的发展意义；而设施物流枢纽的发展，着重谋划微观角度的物流组织化，是体现宏观城市物流枢纽实际内涵的具体依托，大型的设施物流枢纽往往成为特定地区对外辐射的主要载体，从而发挥牵引区域物流行业组织化的重大作用。

2. 物流枢纽体现以网络格局塑造为特征的层级属性

物流枢纽追求网络经济，必然承担塑造物流网络的功能。由物流网络的闭环与层级结构特点可知，物流枢纽应具有较为明确的层级属性，如果脱离辐射范围和网络层级，物流枢纽则将缺乏表述的意义。物流枢纽所塑造的物流网络与运输网络虽然均表现为对外的运输联系，但表述的侧重点略有不同，物流网络侧重于从产业组织关系角度出发，形成干、支、配等层级网络关系，而运输网络主要侧重于运输方式的经济性，以不同方式运输组织优化和联运系统建设表述为主。基于物流网络和产业组织网络的辐射关系，物流枢纽的层级属性体现为其在网络中承载的干线、支线等不同组织功能定位，其中，承载干线组织以及干支对接的枢纽位于枢纽层级的顶层，承载支线到达和末端网络组织的枢纽则位于次级层级。基于以上分析，前述各种类型的设施物流枢纽，尽管均具备了空间性和要素聚集特点，但多数设施辐射网络并不清晰、辐射层级并不明确，因此往往回避以枢纽进行表述。

3. 物流枢纽具备以集成运作为特征的公共服务属性

物流枢纽实现物流运作规模化是以分散需求的集成为主要路径，集成所体现的特点就是服务的开放性和公共性。按照这一内涵特征对设施物流枢纽进行梳理，不同设施物流枢纽的特征存在差异。部分大型生产、商贸企业围绕服务自身生产组织所设置的物流节点设施，尽管具备了空间和网络属性，甚至形成了较为庞大的规模，但如果其服务组织以企业内部循环为主，不具备开放性和公共性，这种设施严格意义上就不能体现枢纽内涵。一些运输企业、快递企业围绕网络化组织，形成了自成体系的服务节点设施，虽然其服务是开放性的，但仅在企业网络业务范围内开展集成，往往规模有限，公共性存在不足，枢纽的特征内涵偏弱。铁路场站、港口、机场等企业物流设施，有的尽管也属于特定企业经营范畴，但由于其运输业务本身具有开放性与公共性，其枢纽属性较为明确。

4. 物流枢纽具备复合功能特征和产业服务属性

从逻辑起点来看，物流枢纽出现的本源动力是各类制造、商贸等产业运行的降本增效发展要求。早在物流枢纽甚至物流概念出现之前，运输枢纽就已经存在，是产业组织的不断深入发展，产生了对供应链服务包括运输在内的物流环节的组织化要求，进而催生了物流枢纽的出现。因此，物流枢纽具有鲜明的产业服务属性，如果脱离产业服务谈物流枢纽，则背离了物流枢纽的本源内涵。物流枢纽的产业服务属性表现为，以干、支、配层级网络组织与仓储组织的结合，并附加相关的流通环节其他功能，形成对供应链组织时空结构的优化。从这一内涵出发，物流枢纽与运输枢纽在运输功能角度和网络组织角度具有一致性，产业服务功能的特色内涵则成为二者之间的主要差异。不少运输枢纽仅具备不同运输方式、层级网络的运输衔接组织能力，而不具备围绕产业组织的仓配和流通服务功能，严格意义上不能体现物流枢纽的内涵。

（三）物流枢纽的发展要求

契合物流枢纽形成逻辑和有关发展特征内涵，梳理物流枢纽在层级结构、空间结构、功能结构等方面的发展要求，对于聚焦物流枢纽发展重点、推进高质量发展具有十分重要的意义。

1. 层级结构合理

依据物流的网络化、规模化发展规律，物流枢纽应具备层级关系。为适应集中生产、分散消费的生产流通在不同空间尺度上逐级分流的特点，并与物流通道网络结构相适应，必须按照科学的层级结构推动物流枢纽发展。结合通道方式的经济性和运输组织的网络特征，从全局出发，较为合理的通道网络结构为干支分层的架构，即依托国家干线交通通道，形成骨干物流通道网络，同时结合骨干物流通道网络，形成区域内的辐射网络，物流枢纽的层级设置应与两级网络形成对应关系。一方面，应形成一批顶层物流枢纽，承载国际、国内干线物流通道网络组织，以及干线物流与区域集散辐射相衔接的功能，构成全国性的“干线＋枢纽＋区域辐射”的物流骨架网络。另一方面，也要形成其他层级物流枢纽，承载服务区域内相对分散的生产、生活等物流服务功能，并与顶层物流枢纽紧密衔接，支撑国家整体物流网络的构建。

2. 空间结构合理

无论从物流枢纽支撑构建物流通道网络，还是从物流枢纽支持区域物流规模集成组织的角度，都要求物流枢纽的空间结构合理。在宏观空间上，需要统筹国家的经济、产业、人口、资源、交通等要素，从有利于全面服务、促进规模集中、支持顶层网络构建和运行的方面，对城市物流枢纽、顶层设施物流枢纽等进行合理布局。在微观空间上，需要结合不同层级的物流枢纽，进行空间规模、空间布局的合理设置，其中物流枢纽空间规模应与枢纽承载的区域网络服务范围和规模相配套，枢纽空间布局则应与实现枢纽功能所对应的服务区域交通、产业、人口空间布局结构相适应。

3. 功能结构适配

围绕实现物流枢纽构建网络化运行体系，以及物流枢纽服务区域经济的发展要求，物流枢纽必须形成适配的功能结构。一方面，体现为枢纽功能与网络层级的适配，即不同层级的物流枢纽在功能上应有所区分，顶层物流枢纽应强化干线服务的规模集成和干线组织能力，次级的其他物流枢纽则应与顶层物流枢纽形成合理的对接功能关系，而不应突出干线组织能力，否则既容易造成干线需求的分散化，妨碍顶层物流枢纽的服务规模扩大，又不利于铁路、水路运输等经济性更合理的通道发挥功能。另一方面，体现为枢纽功能与区域产业发展的适配，现代经济体系中的不同产业门类所需的物流服务具有较大的差异，这就需要提高物流枢纽对各地特色经济产业运行的功能支撑水平，同时物流枢纽布局所依托的综合交通和地理条件也有所不同，这就要求物流枢纽必须突出功能特色进行设置，以便充分发挥区位优势，并围绕服务产业的特征提升专业化服务水平。

4. 推进手段合理

物流枢纽是市场主体追求规模经济、网络经济发展的结果。因此，物流枢纽的发展首先具备市场化的内在驱动力，同时，物流枢纽的发展具有层级的有序分类要求，需要提供公共化的空间条件，需要与区域产业形成合理的空间统筹关系，这些都需要依赖于有关资源的合理、系统配置，必须充分认识物流枢纽的发展特点，形成合理的推进手段。物流枢纽由市场自发发展，往往难以形成系统推进、快速发展的良好效果，而单纯由政府推进，难以发挥市场机制驱动效果。具有资源配置能力的政府与市场主体企业应加强协同，在充分认识和利用好物流枢纽规模、网络发展规律的基础上，通过规划定位、空间布局、土地供给、市场引导等方面营造良好环境，通过企业发掘枢纽运营的规模经济和网络经济价值，实际形成枢纽业务体系和产业发展系统，才能有效推进物流枢纽发展。

第二章　我国物流枢纽设施发展基础

以2018年《国家物流枢纽布局和建设规划》出台为分界，我国物流枢纽设施经过较长时期的持续发展，已经取得了一定的发展成效，初步夯实了枢纽网络基础，并为进一步高质量发展创造了条件。在规划方面，国家相关部委、地方政府、龙头物流企业等，从各自角度开展了物流枢纽相关规划，一定程度上指导了我国物流枢纽设施的布局建设发展。在建设方面，形成了政府与企业协同、资金来源多样的建设推进结构，支持了物流园区等物流枢纽设施的发展。在具体的园区经营管理方面，形成了以管委会为主开展管理、园区企业各自经营的模式，基本保障了园区等物流枢纽设施的经营稳定开展。在发展成果方面，2018年全国已经规划、在建、建成的物流园区超过1600个。但是应看到，此前的我国物流枢纽发展，或主要围绕枢纽承载城市进行宏观布局，或以地方的具体物流园区等设施布局为主，并没有既在国家宏观角度进行统筹谋划，又同时落到微观的网络组织和运作设施的整体设计，这也导致我国物流枢纽设施在空间、层级、运作上系统性不强，物流枢纽未能有效架构出我国高效率的物流运行体系，亟待从国家战略高度对物流枢纽进行有机调整和优化，发挥枢纽塑造合理物流系统，推动物流提质、降本、增效发展作用。

一、物流枢纽的布局规划体系

（一）我国物流枢纽布局规划的体系结构

多年来，我国形成了国家、地方、企业三级物流枢纽布局规划体系，国家层面除《国家物流枢纽布局和建设规划》外，多以开展城市物流枢纽的宏观布局规划为主，并不对具体的设施物流枢纽开展规划，国家发展改革委、交通运输部、商务部等均从不同角度针对物流园区、流通节点、公路枢纽等布局城市编制了多项规划。在地方层面，省级规划通常以城市物流枢纽为主要规划对象，部分落实到设施物流枢纽布局，城市层面则具体落实到设施物流枢纽维度进行布局。企业层面的规划，主要根据自身业务发展需要，确定全国的枢纽设施布局。

1. 国家层面物流枢纽布局规划

在国家层面，与物流枢纽相关的规划主要由国家发展改革委、交通运输部、商务部等进行研究制定，原铁道部也对铁路货运枢纽进行了相关规划，主要涉及铁路集装箱中心站、铁路物流基地等。国家有关物流枢纽布局规划，布局方面主要体现在枢纽节点城市空间布局上，各类规划大多对物流枢纽承载城市进行了分级，确定了不同城市在国家交通、物流、流通体系中的地位，并通过明确区域、城市在全国物流体系中的定位、功能等，更好地引导物流要素的科学布局。如《全国物流园区发展规划》，有效指导物流园区等在全国的总体布局，引导市场要素向有关节点聚集，起到提高物流服务效率、集约利用土地资源、推进节能减排等发展效果，但规划并不涉及微观物流园区数量、规模等内容，缺乏对微观物流园区承载的具体功能和网络组织要求的细化，在各地区各城市分别发展环境下，以物流运行为导向的整体性发展效果仍然不佳。

部分物流枢纽相关规划
《全国公路主枢纽布局规划》与《国家公路运输枢纽布局规划》。《全国公路主枢纽布局规划》中明确提出要以北京、天津等45个公路主枢纽所在城市为重点，培育发展区域性道路运输市场。《国家公路运输枢纽布局规划》在原45个公路主枢纽的基础上提出了新的国家公路运输枢纽布局方案，枢纽总数在包括原45个公路主枢纽基础上扩大到179个，其中12个为组合枢纽，共包括196个城市。该规划的出台引导了全国公路货运枢纽的建设发展，列入规划的城市大部分获得原交通部的专项补贴资金。 《全国流通节点城市布局规划（2015—2020年）》。商务部等部门2015年编制了《全国流通节点城市布局规划（2015—2020年）》，提出了建设国家级、区域级和地区级三级流通节点城市，其中，国家级流通节点城市包括北京、天津等37个，区域级流通节点城市包括唐山、保定等66个，地区级流通节点城市由各省区根据发展需要确定。 《全国物流园区发展规划》。2013年出台的《全国物流园区发展规划》按照物流需求规模大小以及在国家战略和产业布局中的重要程度，将物流园区布局城市分为三级，确定一级物流园区布局城市包括北京、天津等29个，二级物流园区布局城市包括石家庄、邯郸等70个，三级由各省（区、市）确定。

2. 地方层面物流枢纽布局相关规划

在国家有关规划引导下，不少省份和城市编制了物流行业规划，其中均提出了本省、本市相关物流枢纽的布局方案。省级涉及物流枢纽布局相关规划的编制部门一般以省级发展改革部门、交通部门等为主，从本省角度落实国家相关规划，在枢纽空间布局上主要落到城市层面，通常选择一定数量的重点物流枢纽设施进行布局。城市编制物流规划的部门涉及发展改革、商务、交通、规划等，主要对国家、省级相关规划实现微观落地，在空间布局上一般落到微观物流枢纽设施，并确定有关物流枢纽设施的位置、占地规模、功能定位、发展方向等，相对而言具有较强的可操作性和发展引导性，不少城市通过科学开展规划并严格执行，实现了城市物流枢纽建设的规范化、集约化发展，促进了城市物流效率提升、土地资源的集约利用。从地方开展的涉及物流枢纽相关规划情况来看，省级相关规划开始对微观物流枢纽设施进行布局，城市规划虽然对物流枢纽设施有相对明确的布局、定位等发展谋划，但缺乏对枢纽设施运行、设施协同关系等发展内容引导，不利于城市物流枢纽参与区域乃至全国物流网络布局和分工。

部分典型省区市涉及物流枢纽布局的相关规划

省级规划案例。《四川省物流园区发展规划》，在《全国物流园区发展规划》的指引下，提出了全省三级物流园区布局城市，其中，二级物流园区布局城市在全国确定的绵阳、达州、泸州三个基础上增加了南充、宜宾、遂宁、攀枝花，同时确定了13个三级物流园区布局城市。与国家规划不同的是，在物流园区布局城市的基础上，四川省也对全省物流园区进行了规划，确定了成都航空物流园区、成都国际集装箱物流园区、成都青白江物流园区等多个重点物流园区，但对于物流园区位置、占地规模、服务功能均未进行详细描述和准确定位。

城市规划案例。《上海市现代物流业发展“十三五”规划》，提出依托交通条件，结合产业布局，打造由五大重点物流园区、四类专业物流基地为核心架构的“5+4”空间布局，规划明确了物流枢纽定位和发展方向，如外高桥物流园区的定位是依托外高桥港区和外高桥保税区，发挥功能丰富、配套齐全、要素集聚的比较优势，着力培育贸易、金融与物流的整合创新体系，打造成为功能前沿、总部集聚、贸易便利、联动紧密的物流贸易一体化开放运作平台，形成保税物流与国际贸易融合发展的区港联动型物流园区。

3. 企业层面物流枢纽布局相关规划

目前，国内开展物流园区等枢纽设施布局规划的企业有两类，一类是在全国进行网络布局和经营的物流以及商贸生产等网络型企业，如传化物流、京东、顺丰、菜鸟、普洛斯、中储等。需要说明，中国铁路总公司（现为中国国家铁路集团有限公司）在市场化转型后，开展了铁路物流基地的布局规划，这也属于企业层面推进的规划，只是铁路通道网络在全国网络中的特殊性，其布局规划具有一定的公共服务功能特点。网络型企业的物流枢纽规划目的是，基于企业自身业务开展需要，面向全国开展选址，明确企业节点设施的功能和能力等，以支持其全国性的物流网络业务运行。另一类则是专注特定物流枢纽设施建设运营的枢纽企业，国内大部分物流园区开发企业均属于这一类型，重点以单一枢纽设施具体空间布局和内部功能布局为导向开展规划。

典型企业规划物流枢纽

传化公路港。公路港物流枢纽主要以公路货运交易为核心，整合专线运输、零担物流企业，实现车源和货源的撮合。目前，传化物流规划构建由100多个公路港构成的枢纽网络，已经投入运营约30个。

中国铁路总公司。2015年中国铁路总公司编制的《铁路物流基地布局规划及2015—2017年建设计划》，提出在统筹利用既有货场、战略装车点、集装箱中心站等设施设备基础上，规划一、二级铁路物流基地共208个。其中，一级铁路物流基地33个，二级铁路物流基地175个。

京东物流。为支撑商贸网络的规模化扩张，京东物流快速构建了覆盖全国大部分地区的电商物流设施网络。京东物流在北京、上海、广州、沈阳、成都、武汉、西安7个城市布局建设了“亚洲一号”一级物流枢纽设施，在55个城市布局263个二级物流枢纽设施。

日日顺。日日顺围绕青岛海尔集团的生产组织布局，以及海尔产品和其他关联产品的销售网络格局，布局建设了两级物流枢纽。包括在全国18个重点城市布局一级物流园区，在全国100个城市节点，结合本地物流枢纽设施，建设自用分布式云仓体系。

（二）我国物流枢纽规划体系特点及问题

1. 宏观规划统筹性不足

国家层面存在多部门和多角度物流枢纽规划，涉及交通、物流、商贸流通等领域，不同领域由于发展角度不同，对城市物流枢纽的布局规划既有重合也有差异，对枢纽发展方向、功能等要求的侧重点也存在差异，在引导物流枢纽设施的布局建设中，缺乏系统性。由物流活动的产业服务逻辑决定，物流枢纽本身既是运输、仓储等物流活动的组织中心，又是产业运作的组织中心，其发展理应在交通、物流、工贸产业等统筹基础上，形成统一布局和规划发展引导。

2. 宏观规划缺乏运行导向逻辑

由于对不同发展领域的统筹不足，物流枢纽的顶层规划缺乏系统性导向，并主要体现为缺乏运行导向逻辑支撑。我国宏观层面的物流枢纽规划，呈现偏宏观布局特点，所反映的深层问题就是物流枢纽规划并没有得到整体运行的合理结构要求引领。在缺乏运行导向的发展框架下，物流枢纽的规划往往只能落实到城市层面进行枢纽的总体布局，不能落地规划相关物流枢纽的运行功能、要素结构、发展任务等具体内容。这也是导致物流规划难以落地、物流规划衔接不足的重要原因。

3. 多级规划的衔接存在问题

国家层面的规划，主要从规划制定部门的行业领域出发，侧重本行业发展在全国的引导性；省区市层面的地方物流枢纽规划，则在接受国家规划的定位引导基础上，侧重于为本地区的经济产业发展提供物流系统支撑；企业层面的规划，则是参考国家和地方规划，主要从自身的网络化实际业务出发进行布局和规划。三种规划具备以各自侧重目的为导向的系统性，但由于物流枢纽的宏观规划缺乏整体统筹、运行导向，地方规划不能系统性地获得顶层规划在发展要求、发展关系上的明确引导，物流枢纽规划缺乏对接上位规划的整体性，企业规划则难以获得具有公共服务能力物流枢纽的有效支撑，形成自成体系进行发展格局，造成多层级规划的衔接不足现象。

二、物流枢纽设施开发和运营

（一）物流枢纽设施开发模式

当前国内以物流园区为主要形态的物流枢纽设施，在开发运营管理上总体形成三种模式，即地方政府主导开发模式、企业主导开发模式、综合开发运营模式。

1. 地方政府主导开发模式

地方政府主导开发模式一般将物流枢纽作为一个类似于开发区的综合项目，有组织地进行开发和建设。地方政府进行物流枢纽整体规划，通常以政府投资平台等为主体，进行物流枢纽的基础设施投资建设和招商组织。物流枢纽设施的开发驱动力来自政府意愿，主要目标是优化城市功能布局、改善经济发展环境、促进区域经济发展、提升物流水平。在这种开发模式下，物流枢纽设施具有物流组织管理功能和产业发展功能的双重功能，物流枢纽往往成为城市或区域物流和产业发展的重要组织中心，并由此在开发过程中得到各类发展资源的全面配套支撑。

2. 企业主导开发模式

企业主导开发模式以各类企业为主体，在满足城市总体规划和地块控制性详细规划、土地利用规划等上位规划和土地出让条件等基础上，企业自主进行规划、出资并开发，物流枢纽的投资、开发建设和运营管理完全属于企业市场行为。物流枢纽建设发展的驱动力来自企业自身商业利益，物流枢纽一般会享受到政府出台的部分物流产业普惠政策，其经济效益完全依靠企业经营和运作能力。这种开发模式的优势是企业的投资建设更注重效益，在前期通常可以更精准地掌握市场需求，物流枢纽运营往往得到物流枢纽开发企业的业务资源和需求支撑，经营效益易得到保障，不足之处则在于其服务经济运行公共环境营造的效果偏弱。

3. 综合开发运营模式

由于物流枢纽设施一般具有建设规模大、经营业务范围较广的特点，既要求在土地、税收等政策上的有力支持，强化公共服务和集成功能，也需要运营企业具备较强的资源整合能力和业务培育能力。因此，单纯采用一种开发模式，往往很难实现综合目标。通过政府规划引导，企业主导开发，政府给予适当投资补助和优惠政策，发挥政府的引导和企业市场配置资源的双重优势，就形成了综合开发运营模式。这种模式能够更好实现与城市功能的对接，得到城市资源的有效配套支持，同时具备良好的市场经营运作能力，有利于加快物流枢纽的投资、建设、运营速度，更好实现物流枢纽设施的综合功效。

（二）物流枢纽设施运营模式和特点

1. 物流枢纽运营主要模式

我国物流枢纽形成了管委会主导运营和地产商主导运营两种主要的模式。一是管委会主导运营模式。政府主导开发的物流枢纽广泛以管委会模式开展运营，管委会主导运营，起到较好与城市功能有机衔接的作用，并能更好利用城市有关政策，引导资源集聚，但在物流业务组织和物流规模运作方面支持效果不足。管委会并不是实际开展物流业务运作的企业，不具备承揽并统一开展物流业务运作的能力，也难以对各类物流枢纽设施的物流资源开展以业务为导向的实际整合，因此对于促进物流功能环节的运作一体化、推动构建业务高度协同的枢纽运营生态直接支持不足，不利于物流枢纽设施有针对性地打造区域物流组织中心。根据2015年的《第四次全国物流园区（基地）调查报告》，由政府管委会管理的物流园区占比为32%，这一比例比第三次调查报告低，但占比依然较高。二是地产商主导运营模式，物流枢纽设施由于涉及多种物流业务，单独的物流企业通常难以全面枢纽区域的整体开发和业务运营，因此综合性较强的物流枢纽设施，往往形成开发企业与运营企业分离的模式。承担开发的企业，开展土地开发、公共设施建设、部分通用专业设施的建设，在实施开发后，通过租赁、出售等方式，引进实际物流业务主体，推进枢纽运营，形成地产商主导运营模式。这种模式形成了各类资本参与物流枢纽建设的渠道，对于推动物流枢纽的开发具有重要意义，但与管委会主导运营模式类似，物流地产开发主体往往并不具备枢纽业务系统的经营和整合能力，且从企业利益机制出发，其引导物流枢纽设施要素的直接出发点是土地价值和租赁价值，而非物流枢纽的整体业务价值，往往难以形成规模化、一体化的物流枢纽业务体系。

2. 我国物流枢纽的载体特征明显

综上物流枢纽的运营模式，我国物流枢纽设施运营业务经营整合能力不足，运营主体功能发挥缺位，体现出鲜明的载体特征。大部分的物流枢纽运营主体对物流业务框架、业务运作模式缺乏控制、整合能力，且多以获得高的租赁、土地出让、资产管理收益为导向，而对于枢纽经营模式的设计和提高运作水平等目标，关注度不够，或仅仅作为间接的手段性目标来看待。因此，我国物流枢纽设施更多体现为物流运作的载体，枢纽业务经营由枢纽内的各类企业自行开展，鲜有物流枢纽运营主体开展枢纽业务间的主动整合。综合而言，物流枢纽缺乏业务联系和整体性。

（三）物流枢纽设施运营盈利模式

物流枢纽设施根据投资主体的不同，以及枢纽功能定位差异，各物流枢纽投资者有着不同的经营模式和经营能力，投资回报率也不一样。在既有的物流枢纽开发运营条件下，物流枢纽的盈利主要来自土地出让、租金收入、增值服务收入、土地增值收益。

土地出让。土地出让是物流枢纽投资主体重要的盈利点。作为政府投资的物流枢纽，一般对物流枢纽内的土地进行收储，通过道路、市政管网设施的建设将土地由“生地”变成“熟地”，再将土地出让给入驻枢纽的项目投资商，通过土地的差价获取收益。作为市场化运作的企业，为降低物流枢纽经营风险、减少投资规模，物流枢纽投资企业也可将获得的土地部分出让给其他投资企业或业务企业，通过土地价差获得收益。

租金收入。租金是物流枢纽获取稳定收益的重要途径，也是多数物流枢纽设施的重要盈利点。将物流枢纽内一部分土地出租给有需求的企业，按年或者按其他方式收取土地租金。也可将物流枢纽内的土地进行开发，通过出租仓库、经营场所等物业来获得稳定租金回报。物流枢纽经营者还可通过出租各类物流设备获得稳定收入。

增值服务收入。物流枢纽在投入运营特别是步入成熟期后，运营企业通过开展增值服务来获得收益。通过对物流枢纽内的物业设施进行管理来获得稳定物业管理收入是增值服务的重要方式，如对大量进入物流枢纽作业的货运车辆，通过收取货运车辆停车费来获得收益，国内部分物流枢纽设施的车辆停车费已占物流枢纽经营收入比重的两三成以上。物流枢纽运营主体还可通过拓展物流信息服务、物流金融等高附加值增值业务，带来持续的增值收入。

土地增值收益。土地增值收益也是物流枢纽的潜在盈利模式之一。从发展经验来看，大部分物流枢纽在完成初期基础设施建设后，通过运营管理和环境培育，地价均有不同程度上涨，可再行开发以获得相应的收益，部分物

流枢纽土地增值价值，甚至远超过租赁等经营带来的收益。

此外，随着物流枢纽的快速发展，物流枢纽将提供层次更高、更全面的服务，一些新业务的开展将给物流枢纽带来可观的收益。如项目投资收益，物流枢纽的运营主体还可通过项目投资来获得收益，通过引入合作方共同开发枢纽功能区或开展业务经营，按照投资比例获得相应投资收益。

（四）物流枢纽设施建设投融资模式

我国物流枢纽投融资主要包括企业自筹、政府投资、股权融资、债务融资、PPP模式等方式。根据2015年发布的《第四次全国物流园区（基地）调查报告》，我国物流园区建设资金来源以自筹资金和国内贷款为主，2015年我国物流园区建设资金来源比例如图1所示。

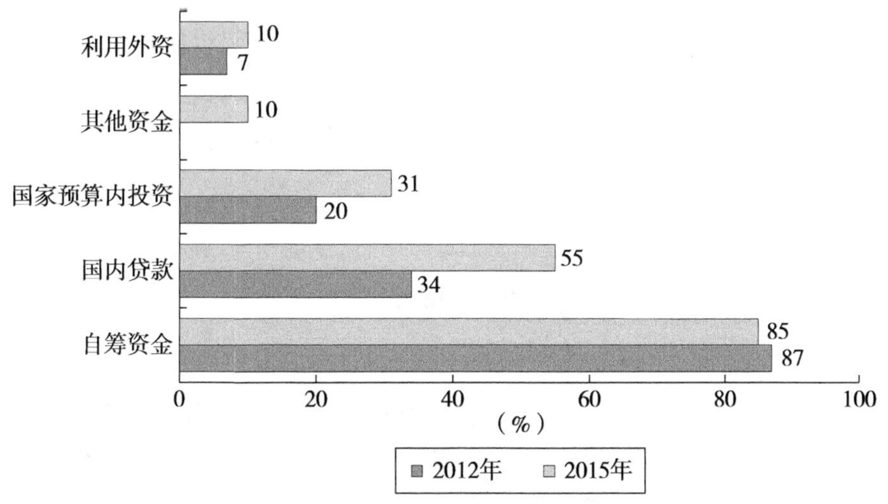

图1　物流枢纽建设资金来源示意

资料来源：2015年发布的《第四次全国物流园区（基地）调查报告》。

（1）企业自筹。国内物流园区等枢纽设施建设中，企业自筹资金比重较大。物流园区调查结果显示，我国物流园区建设的投资来源主要为自筹资金，占比高达85%，成为物流枢纽资金来源的重要渠道。

（2）政府投资。物流枢纽特别是国家和地方规划建设的重点物流枢纽，通常有机会获得一定的财政资金支持，其资金来源包括国家有关部委、地方政府。国家发展改革委、交通运输部、商务部等多国家部门设立相关资金支持渠道，支持重大物流设施的建设。很多城市为扶持物流产业发展壮大还成立了物流产业发展引导资金，对重点物流枢纽进行投资。

（3）股权融资。伴随着我国物流枢纽设施规模化发展，仅靠企业自身往往难以实现快速发展，股权方式融资成为物流枢纽设施融资的重要手段。一些物流枢纽开发运营企业，通过上市、引入股权投资基金、战略投资方等方式，稀释股权以获得资金。利用股权融资方式获得大量低成本资金，成为一些网络型物流企业近年来快速扩张布点的重要路径。

（4）债务融资。债务融资也是国内物流枢纽重要的融资方式，主要包括银行贷款、融资租赁等。物流枢纽投资企业通过自有资金购买土地后，将土地抵押给银行等金融机构，抵押获得的资金投入物流枢纽库房等基础设施建设，减轻企业投资开发建设阶段的资金压力。部分需投入大量物流技术装备的物流枢纽设施，采取融资租赁等手段，降低购买物流技术装备的资金压力。

（5）PPP模式。对于物流枢纽这类投资规模较大、投资回收期相对较长，且具有一定公共属性的基础设施，采取PPP模式进行融资也是重要的投融资方式。政府以土地进行入股，引入各类资本对物流枢纽进行综合开发，从而降低政府投资风险，提高物流枢纽建设效率。

三、物流枢纽布局建设发展成果

经过20多年的持续高速发展，我国物流枢纽设施规模不断扩大，服务功能不断拓展，服务能力不断增强，取得了积极的发展成果，较好地发挥了对国民经济和社会发展的支撑作用。

（一）提出了物流要素布局发展方向指引

在《国家物流枢纽布局和建设规划》之前的国家有关规划，虽未落实实体枢纽设施的发展功能和运行要求，但确定了宏观视角的物流枢纽布局，客观上对引导市场物流要素在全国空间范围的合理布局，推进物流枢纽设施的发展，起到了重要的方向引导作用。各地开展的微观物流枢纽设施布局规划，将物流与城市总体功能布局进行了有机衔接，虽仍存在枢纽设施过于分散、功能不明确等不足，但总体对区域内物流要素的布局起到引导作用，为物流枢纽设施的建设、运营提供了支撑。

（二）形成推动物流枢纽设施发展的动力

国家各项物流发展和物流枢纽发展有关文件，体现了宏观层面主动引导物流枢纽发展的战略导向，有利于凝聚共识，促进各地方、各行业领域加快推进物流枢纽发展。各地方为改善地方经济发展环境条件，促进产业聚集发展，也出台了一系列枢纽发展关联政策，支持契合地方战略方向的物流园区发展，为促进物流枢纽设施提供了发展的条件。在此基础上，物流行业不断探索依托物流枢纽实现物流规模经济、网络经济的路径，并形成了良好的市场化发展效果，成为驱动物流枢纽设施发展的直接动力。

（三）建成了大量物流枢纽设施

在形成发展共识、发掘内在动力的基础上，随着我国经济快速持续发展，物流需求规模的不断扩大，物流园区等各类枢纽设施快速发展，全国目前形成了超过1600个具有一定规模的物流园区，以及大量其他的物流中心、配送中心等物流集中操作设施，这些设施吸引着辐射区域的物流要素资源聚集，形成了一定程度规模化、集约化、网络化物流组织的能力，对区域物流资源配置和产业优化布局产生了积极的引导作用。特别是部分枢纽设施通过车货匹配、多式联运组织、物流信息化等发展，提高了业务一体化水平，促进规模化运作，扩大了物流枢纽的辐射能级和范围，较好地发挥了物流网络组织功能，对于我国物流行业的整体组织化提升起到积极的作用。

（四）龙头企业网络布局枢纽取得一定成效

部分市场化运作的龙头物流企业，为增强企业核心竞争力，构建全国物流服务网络，实现全国规模扩张，纷纷在全国进行网络化物流枢纽布局。传化的公路港网络、德邦的零担物流设施网络、顺丰的快递物流设施网络、普洛斯的仓储设施网络、京东的电商物流设施网络，中铁总的铁路货运枢纽网络均在各细分领域开展了枢纽设施网络建设，不仅依托网络提高了物流业务效率，形成了自身明显竞争优势，而且在实践层面引领着网络化布局枢纽的行业发展趋势，对进一步提升整体物流运行质量发挥重要作用。

四、物流枢纽发展中存在的问题

尽管我国物流枢纽设施取得了积极的发展成果，但从枢纽设施的布局结构、要素聚集度、运行组织水平、服务经济发展的功效来看，尚存在较大的改善空间。

（一）枢纽设施层级不清、布局分散

我国物流枢纽设施既有多部门提出的多种层级的城市形态枢纽，也有地方推进的物流园区等设施形态枢纽，类型上分为货运服务、生产服务、商贸服务、口岸服务、综合服务型等多种类型，不同层级、形态、类型之间的枢纽设施内在发展关系不明确，造成枢纽布局分散，对枢纽组织功能发挥带来消极影响。城市作为推进物流枢纽设施发展的主体，在缺乏全国深度统筹条件下，各自按照城市自身经济发展需要进行枢纽设施建设，造成区域内不同城市的物流设施服务范围和功能定位多有交叉和重复，同一城市内的设施布局也存在过于分散情况，物流设施间在业务功能上严重交叉，缺乏关联组织关系逻辑，造成无序竞争，不少仓储物流设施低效率运转甚至处于闲置状态，不仅带来了物流资源浪费的问题，也不利于规模化促进要素集聚和组织，为枢纽设施的经营和组织化发展埋下了隐患。

（二）枢纽设施要素聚集度不高

由于布局的分散重复，我国物流枢纽设施要素聚集度普遍不高，功能也较为单一。从要素聚集度看，我国多数地区缺乏规模较大的物流枢纽设施，城市或区域内物流设施的总占地面积不少，但规模的集中度不够，大多设施仅能围绕紧邻周边的产业需要开展物流组织，并不能规模化地承载区域物流业务组织。反映到枢纽的功能上，大多数物流枢纽设施以货物储、运等基本功能为主，具有集运输、仓储、交易、国际关检、物流信息、物流金融等多

种服务功能于一体，有效发挥综合服务功效的物流枢纽设施数量更少。根据第四次全国物流园区（基地）调查报告，除了传统的港口和综合保税区物流设施具备口岸和通关功能外，内陆地区仅有部分铁路国际陆港具备国际服务条件，大部分物流园区没有口岸和通关功能，具备物流金融服务功能的物流园区仅占36%。

（三）枢纽间网络化运行组织缺乏

国内既有的物流枢纽设施数量庞大，虽然形成了类型丰富、覆盖全国的设施网络布局，但大部分枢纽设施功能和业务运行独立，缺乏枢纽间业务对接、信息互联、标准衔接，枢纽物流网络化组织程度较低，串接区域的枢纽间通道化业务开展不足，不同层级枢纽间的网络辐射业务质量不高，依托枢纽的物流网络经济尚未得到有效发掘。在运输角度枢纽的网络化组织不足，也体现为基于网络的多式联运组织难以系统、规范推进。根据第四次全国物流园区（基地）调查报告，仅具备一种运输方式（公路）的物流园区占比高达38%，具备两种运输方式连接的占比为45%，统计数据也表明具有转运功能的物流园区仅占60%左右。总体上看，我国物流枢纽在物流体系网络化发展中的功能发挥不足，亟待强化物流枢纽的干线集成和区域辐射组织能力，更好发挥促进物流降本增效效能。

（四）枢纽供应链组织能力不强

物流枢纽本身要素聚集水平偏低，功能偏单一，网络化运行质量不高，导致围绕产业组织的服务功能的系统性和一体化不足，供应链组织能力偏弱。一方面，枢纽供应链集成不充分，对分散的产业组织，在运输、仓储环节的集成化运作，是枢纽服务产业、促进实体经济降本增效的基本手段，而我国现有枢纽设施网络辐射能力和辐射空间普遍不足，集成供应链的范围、规模不够，难以有效促进供应链组织成本效率的优化。另一方面，枢纽设施的供应链服务系统性不足，由于对产业组织物流全程服务涉及运输、仓储基本环节，也涉及渠道组织、贸易平台、结算服务、国际通关、信息服务等一系列功能，在枢纽聚集各类要素规模偏小的条件下，枢纽供应链综合服务能力较弱，不足以形成对供应链提升发展的有效支撑。

（五）枢纽发展的引导性不足

物流枢纽设施在开发和运营发展过程中，追求物流组织成本效率是核心动力，高质量的市场化运作是决定枢纽实际运营效果的决定因素，这其中，具备或者有效创造市场运作的需求条件，是实现枢纽良好经营的前提。正因如此，在全国范围内，存量经济体量较高的地区和城市，由于同样的设施可以获得更高的市场回报，物流枢纽设施的建设、设施建成后的要素聚集效果均较好，而中西部经济发展相对落后地区，由于市场整体处于培育期，同样的物流设施在早期并不能快速获得收益，物流枢纽设施发展较慢，导致物流枢纽设施发展的区域不均衡。在物流枢纽发展中，多数地区尚未形成把供需双侧进行更高水平统筹的发展路径，导致我国物流枢纽设施的布局和建设推进，基本反映了存量经济的需求结构，对于增量经济的引导性不足。当前，我国正处于构建新发展格局、培育现代化经济体系、促进区域均衡发展的关键时期，要求后续的发展更加注重均衡和充分，现有的枢纽培育发展模式，需要适应未来发展需要，在供需适配视角，强化供给侧结构性改革的探索。

（六）枢纽现代化水平不高

既有物流枢纽设施的规模运作条件不足，物流规模经济场景塑造的作用难以发挥，制约了枢纽物流装备现代化、智能化的发展。自动化、智能化物流装备的应用，需要规模化的应用场景提供支撑，以形成规模经济效益，实现真正的市场驱动，物流枢纽设施作为高度集成物流操作的空间，是推进现代化物流装备最为合理的载体，但在现有的要素聚集规模条件下，多数物流枢纽并未能形成相应的运作环境，物流枢纽的现代化水平不足。目前，在医药、快递、电商等专业物流设施，以及一些规模集中的大型港口等场站中，自动化、智能化装备得到了较好应用，而在多数公共化、综合性的物流园区，现代化物流技术装备应用例并不高。在信息互联互通方面，物流信息的联通是以物流业务关联关系为前提的，而物流枢纽内部业务整合不足，枢纽间的网络业务缺乏联动运行基础，物流枢纽的信息互联互通难以实质性推进。

五、物流问题反映的深层次原因

我国物流枢纽设施前期的建设运行中，暴露出的枢纽自身发展以及依托枢纽的物流运行效果问题，从深层次看主要是由于对物流枢纽的功能定位、发展特征，以及属性特征等存在认识上的偏差，导致在推进枢纽发展中缺乏运行系统统领，推进的体制机制、路径方式、引导手段等均有待完善。

（一）推动枢纽发展缺乏运行系统统领

物流枢纽作为物流组织中枢，核心价值体现为对物流体系的有效和科学组织，依据网络化、规模化规律，其发展必须置于全局性的整体运行系统架构下，才能发挥枢纽核心价值。因我国较长期以来，对物流枢纽发展的规划和有关引导政策，并未全局性地从运行角度对物流系统架构进行整体设计，因此，网络化组织、供应链服务为导向的枢纽发展要求不明确，各地物流枢纽设施的发展缺乏落地的、统一的发展导向。表现为物流枢纽尽管规划众多，但难以形成枢纽发展的整体性，造成物流枢纽布局分散、功能层级不清晰、业务方向不明确，不适应网络化物流发展大趋势，不能形成以枢纽为核心的网络效应。

（二）推动物流枢纽系统发展存在脱节

对物流枢纽形态的认识较模糊，不同主体推进枢纽发展的视角和目的不同，造成物流枢纽设施的系统性发展存在脱节现象。从枢纽形态看，行业部门视角下的物流枢纽主要是枢纽城市，在具体城市的物流枢纽推进中，枢纽又体现为微观的物流园区等主要设施形态，而从枢纽的本质内涵出发，物流枢纽是一个由设施和功能及背后的运行相叠加的系统形态。从推进主体看，国家全局性地谋划枢纽发展，强调了全局性，但未能落地提出落实全局系统下的枢纽发展要求，城市在推进微观枢纽设施发展中，着眼点更多的是自身需求，全局性考虑较少，加之在市场化推进过程中，枢纽设施企业关注的自身经营，对于承载行业物流组织功能的思考缺乏直接动力，导致我国的物流枢纽发展，并不能真正实现物流系统整体发展效果。

（三）推动物流枢纽发展路径有待调整

物流枢纽发展的落脚点虽然是枢纽本身，但目的是形成组织化运行效果，枢纽的发展核心价值不在枢纽本身，从发展路径看，物流枢纽的建设是基础，但根本路径还是靠运行实现枢纽价值。各地在推动物流枢纽发展中，更突出支持枢纽设施的建设，特别是地方政府作为推动物流枢纽发展的主体，在土地、资金、规划等方面对枢纽设施建设支持，形成了一套政策体系，部分国家行业部门，也在资金层面形成了一定的支持，这些都为枢纽的建设提供了良好的支撑。但综合来看，目前对枢纽的支持和引导，多数聚焦在枢纽设施建设层面，而对枢纽的运行系统建设，以及运行系统背后的企业主体的集聚和引导，缺乏有针对性的政策支持，重设施、轻运行的问题较为突出。

（四）对物流枢纽的属性认识不足

在物流设施发展中，存在物流枢纽是具有营利性的基础设施，不需要政府投资支持和引导，而应采用完全市场化的方式加以推进的认识，这一笼统的认识事实上存在偏差。一是物流枢纽设施作为载体，与枢纽设施内的具体经营性物流设施在营利性和公共属性上存在巨大差异，不能以物流枢纽内的盈利项目和设施属性，作为物流枢纽的整体属性判断；二是物流枢纽设施在不同区域、不同发展阶段，其可营利性和公共服务性均有差异，不可一概而论；三是即使物流枢纽作为可营利性设施，从集约投资、优化结构、防止重复建设等角度，也需要加以引导。

首先，物流园区等枢纽设施作为载体，其盈利方式不是物流经营收益，而是实施基础开发，获得租赁等收益，与其中的具体物流经营设施收益，如某仓储设施获得仓储收益完全不同。事实上，在园区等设施内，既存在可营利性的企业自建物流设施，但同时也存在大量的投入规模大、收益低的非营利性设施，如园区内部土地平整、交通网络、铁路专用线、转运场站等，往往园区开发形成的收益，并不足以支撑这类基础性设施的投入。需要在物流基础设施开发中，充分考虑基础开发的公共属性和非营利性特征。

其次，物流园区等枢纽设施的可营利性具有明显的阶段特征。通常枢纽设施投入后，在较长一段时间内，由于需要不断地集聚要素，提高效率，培育市场等，并不能获得盈利，但枢纽设施事实上承载着不断优化物流要素布局和运行结构，提高经济运行效率的重要功能，发挥着巨大的社会效益，不能简单地将物流枢纽设施作为营利性设施进行属性判断，而弱化对枢纽的支持。

再次，物流枢纽设施的可营利性存在巨大的区域差异。同样的物流设施，在东部发达地区，可能很快形成开发收益，从而有效支持园区运行，也促成市场投资动力的形成，但在中西部欠发达地区，可能就需要较长的培育期，甚至长期不能达到投资收益平衡，单纯依靠市场往往不能自发形成发展动力。然而，枢纽设施的发展，对于促进地区经济发展，带动国家经济均衡发展，又具有积极的意义，需要充分考虑不同区域的物流设施盈利特征，差异化予以支持。

最后，物流枢纽设施需要按照全局性的网络化物流运行系统总体结构，有序进行布局和建设，以集约资源投入，规避重复建设，保障系统稳定，从而实现社会资源的更高效利用。为此，需要在整体上对物流枢纽设施发展，形成较强的引导性和控制性，而不能完全按照纯粹的市场手段，自发而无序推进枢纽设施布局建设。

第三章　物流枢纽发展国际经验

各国物流枢纽发展的基本逻辑是一致的，围绕现代物流网络化、规模化、集约化等发展方向，西方经济发达国家也建成了物流园区、多式联运场站、集装箱中转站等各种形态的物流枢纽设施，不仅对有关国家物流降本增效发挥重要支撑作用，也有效支撑了国际产业分工与合作。其中，德国、日本、美国等物流效率较高的国家，在国家层面规划建设了物流枢纽设施体系，在形成国家物流骨干网络和实现干支网络衔接、多式联运组织、集聚整合资源等方面发挥了重要作用。从规划引领、政策扶持、服务运行、投融资创新、行业管理等方面梳理其发展经验，可为我国物流枢纽发展提供经验借鉴。

一、德国物流枢纽设施发展经验

德国是全球重视物流产业和物流园区发展的国家之一，德国政府将物流业与汽车制造、生物与基因技术等产业一同定位为国民经济的重要产业，联邦政府、州政府，以及市政府分别制定所管辖区域的物流发展规划，特别是在物流园区发展方面，全国进行了统一规划，出台相关优惠政策并严格实施，确保在全国形成互联互通、高效运作的物流园区网络。目前，德国已经规划建设了34个物流枢纽，构建了全国物流枢纽网络，在枢纽空间或周边区域集聚了大量物流服务运作资源，运输、仓储、场站、产业服务等分散要素得到良好整合，推动了各种物流服务合理分工和有机衔接，明显提升了多式联运水平，铁路集装箱多式联运比例远高于我国，达到30%～40%，有效降低了干线运输、区域分拨和终端配送物流成本。

（一）超前规划并严格实施

早在20世纪80年代初，德国联邦政府在对经济布局、物流现状调查的基础上，就开始对全国物流园区建设进行统筹规划。在规划布局物流园区时主要考虑因素包括：一是至少可以实现两种以上运输方式衔接，特别是公路和铁路两种运输方式；二是选择交通枢纽中心周边，使物流园区与运输网络相适应；三是经济合理，有利于形成需求，实现园区经营效益；四是符合环境保护与生态平衡要求。按照上述要求，德国将物流园区分为州级和市级两个层级，共规划了州物流园区16个、市物流园区40个。德国的物流园区建设严格按照规划执行。

（二）重视物流枢纽的多式联运功能实现

交通便利、转运便捷是德国政府明确物流园区规划与选址的基本要求，物流园区至少有两种运输方式相连接，并配建相关转运设施，实现多种运输方式的无缝对接。为了实现多式联运，除了具备公路和铁路运输方式，部分园区还与沿海港口、内河港口及航空港连接在一起。德国规划的物流园区内一般都建设有公共转运平台，其中，公铁联运转运平台在德国物流园区最为普遍，数据显示德国每年的内陆公铁联运集装箱运量有近50%是通过物流园区进行中转组织，物流园区成为德国多式联运体系的主要载体。

（三）注重物流枢纽的服务要素集聚和功能完善

德国物流园区占地规模普遍较大，平均用地规模达到140万平方米，实现高度集聚物流和经济要素。在物流服务方面，除提供仓储、运输、配送、包装等基本物流服务之外，海关、金融、保险等部门也在此设有工作点，并同时设置综合服务中心、车辆维修保养厂、加油站、餐厅等配套设施，为园区的一体化集中服务提供基础。除物流服务要素外，各类物流需求企业也在园区范围内或周边高度集聚，形成供应链组织逻辑和物流运作逻辑在枢纽点上的协同，提高物流枢纽对经济运行的支撑效率。其中，不来梅物流园区极具代表性，具备上述的全部功能，能够为各类企业和车辆提供一站式服务。

（四）实现园区整体运行的网络化

德国所有物流园区都是德国物流园区协会（DGG）的成员，各物流园区在DGG的协调下统一标准、协同运作。许多大型和国际物流公司以物流园区为基地建立物流服务网络，形成规模并高效运转，实现了园区与企业的互动发展，德国前20大物流公司均在各物流园区投资，依托物流园区形成企业自身网络和公共服务网络的对接。实力较弱的物流企业则组建联盟进驻物流园区，实行跨园区之间的网络化业务协同。德国依托枢纽网络，形成了布局合理、网络化的国内物流网络运行系统，并与欧洲其他国家相连，打造高效率的内外一体物流网络。

（五）政府大力支持园区建设和运行

德国充分考虑到物流园区项目投资大、回收期长等特点，为降低物流园区投资运营企业的压力，其物流园区有关基础设施及公共服务设施主要由各州、市政府负责投资建设，以更好地提供优质的物流服务。在配套设施建设方面，政府负责物流园区地面以下的基础设施建设以及园区内道路、铁路等交通设施建设，并对园区周边铁路和公路设施直接投资支持，执行免费通行政策；积极资助园区建设公铁联运中转站，投资比例可高达投资总额的80%；此外，园区内的水、电、排水设施等建设也可获得政府资助。

（六）广泛推行PPP投融资模式

德国物流园区广泛采取PPP投融资模式，政府主要对物流园区基础设施进行投资，企业主要对物流设施设备进行投资，但每个物流园区的政府和市场投资比例并不固定，德国铁路在部分具有多式联运的物流园区建设和运行中扮演了重要角色，全国有11个物流园区的中转场站由德国联邦铁路投资建设。德国 PPP模式具有自身特点，即“联邦政府统筹规划，州、市政府扶持建设，公司化经营管理，入驻企业自主经营”。物流园区建好之后，成立物流园区发展公司为入驻园区的企业提供服务，以不营利但参股的形式为其提供相应的服务。

二、美国物流枢纽设施发展经验

美国物流枢纽设施的发展，有效促进了物流运作资源长期稳定向枢纽集聚，对干线、支线、末端配送服务的有机衔接，促进物流服务模式创新，支持枢纽经济发育发挥了重要作用。其中，孟菲斯、西雅图等城市航空物流枢纽和辐射全球200多个国家和地区服务网络的建设与发展，带动了临空产业要素的集聚，形成了航空枢纽经济，为航空为主体的物流服务新业态、新模式发展提供了有力支撑。

（一）市场自发布局和政府支持引导

总体上，在美国物流枢纽发展中，政府并未直接制定相关规划予以推进，而是主要依靠市场需求和企业自发建设推动布局，但美国政府在物流枢纽建设中，对要素集聚发展提供了积极的支持，一定程度上引导着物流枢纽的发展。美国联邦政府积极为物流枢纽设施的铁路专用线等交通设施提供配套环境营造，支持枢纽开展多式联运等服务；美国各州政府也通过提供优惠的土地、税收政策，以及拓展投融资渠道等方式吸引投资商，支持物流园区的建设和引导企业入驻，从而发挥引导物流要素向枢纽设施聚集的作用。例如，得克萨斯州的圣安东尼奥市政府，规定了入驻园区的企业可10年不需要缴纳财产税，对从事中转货运的企业免征财产税等一系列税收方面的优惠政策。

（二）市场化布局的基本规律

美国的物流园区虽由市场企业主导布局建设，但与德国的国家规划布局结果相似，美国物流枢纽布局也多集中在运输枢纽和多式联运中心附近，充分证明了围绕关键通道和网络节点开展枢纽布局的一般市场规律。除了交通通道条件外，物流企业布局园区还综合考虑了区域物流需求因素和物流服务供给条件，包括制造业、商业等的布局情况和物流企业的入驻需求，以及政府对园区建设的意见、物流成本、人力资源成本等因素，体现了高度的统筹性。美国的物流园区通常不仅仅布局公共服务型设施，多

数形成了“公共服务+专业服务”的物流设施群。如在BNSF（美国伯灵顿北方圣太菲铁路运输公司）公铁联运枢纽基础上，形成了包括沃尔玛、三洋等一批专业物流设施群。总体上美国的物流园区布局主要由市场驱动、企业主导，但对选址论证较为充分。需要说明的是，美国依托市场化驱动的物流枢纽布局方式，是在美国制造、商贸及物流产业自身集中度和成熟度较高的基础上，行之有效的布局方式，与德国的政府规划引导布局方式都是布局的重要路径，但在全面成网运行、加快集聚发展的效率上存在一定的差异，我国的物流枢纽发展需要综合考虑发展阶段和实际情况加以借鉴。

（三）企业在投融资中发挥主导作用

美国作为典型的市场经济国家，基础设施建设的主体是资金提供者与项目建设者，政府则作为引导者和监管者进行行业管理。美国物流园区建设的动力主要来源于企业对市场需求的把握及经济效益的追求。物流园区投资主体为企业，企业投资风险自担。美国物流园区投资建设形成以下几种主要模式：一是专业的园区投资公司投资建设，如普洛斯、Centerpoint Energy（中点能源公司）等；二是需求企业自建，如福特汽车、沃尔玛等自建的物流园区；三是由大型第三方物流企业自建，如UPS（美国联合包裹运送服务公司）、FedEx（联邦快递）等自建的物流园区和BNSF芝加哥物流园区等。

（四）依托联运系统实现以枢纽为核心的网络化运行

美国物流园区和铁路货场内部多数建设了公铁联运中转平台，通过该平台完成干线转运以及公路与铁路之间的货物网络集结分拨。东西海岸港口之间分布建设了诸多内陆海铁联运物流枢纽，此类物流园区主要以集装箱作为标准装载单位，与海港形成运输联动，打造以海港和内陆联运点为骨架的国际海铁联运网络。依托孟菲斯等关键全国性航空物流枢纽，以及多个区域服务型的航空货运枢纽，美国形成了陆空联运网络。总体上，美国形成了以海港、内陆铁路联运节点、空港为主要枢纽节点的全国物流联运网络，有效支撑着美国的物流高效、低成本运行。

（五）依托物流枢纽构建物流与经济融合发展生态

以航空物流枢纽为代表，美国形成了良好的枢纽经济发展生态。以美国孟菲斯航空物流枢纽为例，20世纪70年代，孟菲斯引进联邦快递公司，大力发展航空货运，引导发展航空经济，推动航空物流枢纽建设，最终在枢纽建设、龙头物流企业培育、物流网络构建、临空产业集聚方面，形成互促提升、整体发展的良好生态。孟菲斯逐步发展成长为美国乃至全球最大航空货运枢纽，联邦快递则成为全球顶级的航空物流供应商，依托覆盖全球的航空物流网络，孟菲斯吸引了西门子医疗器械分拨中心、隔夜药品检测中心、辉瑞、伟创力等大量高科技、高价值、高时效性产业集聚，成为航空经济发展的重要载体。

三、日本物流枢纽设施发展经验

日本通过对物流枢纽设施的规划，并强化与城市功能、国土等对接，长期保持物流设施空间布局和功能的稳定，很好地解决了枢纽网络布局随城市扩张而无序、被动变迁的问题，既防止了功能交叉、重复建设，又实现了土地资源集约节约利用，更确保了物流枢纽设施投资运营回报，对提升依托枢纽的物流服务运作效率、效益提升发挥了重要作用。

（一）注重物流园区宏观规划

为充分实现物流功能用地的高效和集约化，日本政府十分重视物流产业和物流园区的规划布局，其物流园区的规划建设主要由政府主导。早在1964年，日本就着手规划物流枢纽设施，在《流通业务市街地的整顿法》中，确定东京、大阪、名古屋、广岛、福冈、仙台等共计30个城市为物流城市，并按人口规模、经济总量、运输总量、区域交通条件等确定物流团地（物流园区）的数量，如东京为5个、大阪3个，名古屋、广岛、福冈、仙台等城市各1个，全国共计86个。而在物流团地的选址方面，明确规定以都市外围的高速道路网与铁路网交叉口为中心的10公里半径范围为团地选址地点，确立了物流团地的干线支线交通优势，以及与都市内物流配送的衔接优势。总体上，日本对物流枢纽设施开展了从宏观城市布局结构，到微观设施选址布局的指导性规划，为日本物流系统的整体优化奠定了基础。

（二）保证枢纽功能长期稳定

日本的物流枢纽设施由国家规划直接赋予法律地位，同时日本将物流用地直接交付行业协会等机构管理，具体物流业务经营企业只能采取租用土地的方式开展物流经营，由于行业协会是长期稳定存在的，即使租赁土地的物流企业停止经营，土地仍可转租其他企业，由此保障了物流用地的基本性质长期不变，并且由行业协会掌握土地的使用，可以更为系统地实现对物流枢纽功能的有效引导。

（三）加强枢纽建设支持力度

日本的物流园区以市场化方式开发，但政府在土地、金融等方面，给予优惠支持，极大地促进了物流枢纽的建设。比如，将物流园区用地卖给各物流行业协会，然后由协会以股份制的形式向其会员企业融资，用来购买土地和兴建物流基础设施，不足的部分政府可提供低息贷款。日本政府考虑到建设物流园区是一项投入资本巨大、回收期长、社会效益显著，特别是对改善城市交通、城市功能具有特殊意义的举措，要求银行予以长期低息贷款，如和平岛物流园区是正常银行贷款利息的30%，甚至部分园区采用无息贷款，如横滨物流园区。

（四）完善的物流管理体制

在宏观管理方面，日本通过相关省厅的合作，建立了“综合物流施策”推动会议制度，并针对相关部门的合作，提出具体课题。年内对每次会议进行逐次检讨，并检查实施进度，按实施能力进行具体课题的增减调整。在中观管理方面，设置地方综合物流施策推动会议，以贯彻实施物流推进政策和物流基础设施建设，并进行定期检讨。在微观运营管理方面，采用“官民协力”的方式，物流园区用地以低价转让给物流协会或类似的中间团体，并由这些中间团体组成管理委员会对物流园区进行经营管理和改造更新。

四、国外物流枢纽设施发展借鉴

（一）注重规划引领，严格执行推进

德国、日本等国家物流园区、物流枢纽建设的有序推进，与德国和日本在物流产业发展初期重视规划引导密不可分。两国均在国家层面制定了物流枢纽总体规划，明确了物流枢纽的国土布局总体空间，在此基础上，明确了具体物流枢纽设施的数量和发展要求，其中，德国规划56个物流园区、日本规划86个物流园区，并围绕加快实体枢纽设施的建设运营，制定更具体的扶持政策，实现在国家层面对物流枢纽设施微观布局的系统谋划，有利于两国构建具有网络组织能力的枢纽设施网络。同时，严格执行规划，也是德国、日本物流枢纽系统化、规范化、集约化发展的关键，两国严格根据物流枢纽的布局规划实施发展，避免了城市物流枢纽设施的无序发展和资源浪费，并以土地性质等的明确与固定，保障了物流枢纽设施的功能性质。应充分借鉴两国在规划制定、规划执行方面的经验，强化规划引领作用，为我国物流枢纽的发展提供基础支撑。

（二）注重物流组织，强化网络运行

有关发达国家在微观的枢纽设施发展中，注重引导物流枢纽发挥资源整合和业务运作能力，强化枢纽的规模化组织和集约运作，依托物流枢纽发展多式联运等网络业务，极大地凸显了枢纽的物流组织功能，切实在运行角度发挥了枢纽功能。无论是政府规划引导园区发展的德国和日本，还是市场化程度较高的美国，均将多式联运条件作为物流园区、物流枢纽选址的首要因素，大多数投入运营的物流园区基本具备两种以上运输方式衔接，并配建相关转运设施，形成公路、铁路、水路等运输资源有效整合，实现铁路与港口码头及公路场站的无缝对接，其中，美国建有616个多式联运物流节点，德国在大多数物流园区内建设了对接干线的公共转运平台，并依托转运平台构建了连接全国、辐射欧洲的多式联运网络。我国的物流枢纽设施，应积极借鉴有关国家以运行网络为目标导向的发展路径，在发展中建立实际运作为核心的发展思路，并突破单点思维，建立网络理念，提高物流枢纽发展的实际效能。

（三）明确枢纽性质，重视政策扶持

德国、美国和日本等国家清晰地认识到物流枢纽设施的公共服务特征，统筹枢纽自身营利性和对区域经济运行的价值性，出台各类政策，积极支持物流枢纽设施建设。在土地、基础设施配套、投资、税收等方面有关国家形成了良好的政策体系。土地供应方面，政府以较低的价格出让或由政府进行补贴，避免土地价格过高给投资企业带来负担，同时以土地性质的长期硬性要求，避免土地价格提升带来的枢纽设施用途变化，稳定物流系统的空间结构。投资方面，政府对枢纽公共基础设施直接投资，如德国政府对公铁联运中转站，政府的资助比例高达投资总额的80%，美国部分州政府也对物流园区进行直接投资，部分国家还对物流园区投资企业融资进行担保。基础设施配套方面，政府将市政基础设施延伸至园区周边，其中，美国对物流园区铁路专用线配套支持力度较大。税收方面，部分国家对物流园区经营给予一定税收优惠。我国处于强调发展质量与效益的经济转型升级发展关键期，更应借鉴相关经验，充分认识物流枢纽对集聚要素、整体提升效率、支持和引导经济发展的重要性，以及在服务的基础性、公共性等方面的特征，明确推进枢纽发展中相关扶持政策，促进物流枢纽网络建设。

（四）拓展枢纽功能，提升服务经济效能

国外典型物流园区、物流基地经过多年的建设发展，除了具备传统的仓储、运输、配送、包装、货物中转等功能外，形成了海关、金融、保险、货代等相关机构的集中入驻，以及相关产业的协同布局，延伸了物流枢纽设施的服务链，客观形成了区域经济的重要增长点。以德国为例，大部分园区在开展联运等基本物流服务基础上，都从供应链运作需求角度，形成了海关、金融、货代等机构的入驻，为相关产业的物流运行提供一体化服务便利，而园区内或园区周边也形成了各类工业、商贸业的跟进布局，构成各类产业与物流的协同运行生态系统。我国的物流枢纽发展，应借鉴有关国家注重服务产业枢纽功能拓展国际经验，加强枢纽服务与经济产业发展的适配性，特别是坚持供给侧结构性改革主线，充分结合自身产业发展基础条件，形成供需双侧培育发展的良好态势。

（五）拓宽融资渠道，保障设施建设

相关国家都考虑到物流园区等物流枢纽设施前期投资规模较大、投资回收期较长，仅靠企业自身难以实现规模融资和快速建设的特点，注重探索多元投融资渠道，德国、日本等国除了对物流枢纽基础设施直接投资，还广泛采用了PPP投融资、市政债券募集资金、投资基金等多元化融资模式，保障不同类型物流设施的有序推进，形成了较好的投融资经验。我国应在物流枢纽设施发展中，区分不同地区、不同类型物流枢纽设施的性质和投资回收条件，借鉴国际上的多元化融资渠道经验，解决国家物流枢纽建设资金来源问题。

第四章　国家物流枢纽的提出和发展特征

为提升我国物流枢纽发展水平、充分发挥枢纽组织功能、有效提升我国物流网络运行质量，2018年国家出台《国家物流枢纽布局和建设规划》，首次提出了国家物流枢纽的概念，启动了我国物流枢纽设施高质量建设的步伐。此次规划突破了以单点枢纽发展为出发点的枢纽建设传统思路，建立了以网络运行为导向的枢纽发展系统，同时在发展路径上，突破了传统枢纽宏观规划层面不落地具体设施的政策难点，打造微观角度承载宏观网络的顶层枢纽设施布局建设路径。以发展思路和路径的创新为基础，明确了我国顶层物流枢纽的布局，并提出了资源整合、物流枢纽网络建设、枢纽经济培育等重大发展任务，是遵循现代物流规模化、网络化发展规律，针对我国现阶段物流枢纽设施发展问题，提出的新时代物流枢纽发展纲领性文件，对我国现代物流系统的构建和完善具有重要意义。

一、国家物流枢纽的提出

国家物流枢纽的提出有其理论和实践层面的依据。从加快完善我国物流系统，推进降本增效发展，发挥物流对经济产业支撑引领作用等角度来看，加快推进顶层枢纽的布局建设十分必要。

（一）国家物流枢纽提出的依据

国家物流枢纽是立足我国物流体系发展基础，针对物流枢纽设施现实条件和存在的不足，遵循物流规模化、网络化发展规律，充分借鉴国际经验，以构建网络化物流运行体系为核心导向，同时兼顾适应现代产业组织智能化、网络化需求，培育供应链集成载体和枢纽经济，提出的枢纽节点设施布局建设安排。

1. 遵循物流发展基本规律

依据现代物流的网络化、规模化发展基本规律，以及集约化、复合性等发展特点，为加快形成我国高效、低成本的物流运作体系，就必须紧扣对物流产业组织具有决定作用的物流枢纽设施，进行有效布局规划和相应的层级、规模、功能、运作模式等结构设计。其中，按照物流网络运行层级的结构特征，枢纽发展谋划中，最为关键的是形成顶层的核心枢纽设施载体及骨干网络和辐射网络，并发挥好牵引其他物流设施发展的作用，促进我国物流运行体系的整体优化。这种顶层物流枢纽设施，就是国家物流枢纽，因此，国家物流枢纽是物流业发展到一定阶段后，为契合理论层面上的物流业规模化、网络化发展规律而提出的新发展要求。

2. 针对解决物流枢纽发展的现实问题

从发展现状来看，通过多年的建设，我国已经形成了数量众多但分散运作的物流设施基础，但同时也暴露了我国物流枢纽设施尚未构架出合理的网络化运行体系的缺陷。总体来看，我国物流枢纽设施的核心问题在于枢纽设施的结构、层级不合理，缺乏构架骨干网络的顶层设施。针对发展的结构性问题，在我国现有物流枢纽设施发展基础上，当前实现物流业提升发展的核心任务是对既有设施进行整合，建设和培育在规模上、运行功能上具有组织骨干网络能力的核心物流枢纽。因此，国家物流枢纽是针对当前我国物流枢纽设施发展实际和发展阶段，提出的现实发展要求。

3. 统筹考虑产业组织创新需要

依据物流枢纽与经济产业发展空间、发展关系的融合特点，要适应我国加快产业升级、培育经济发展动能等新要求，亟须顺应产业组织网络化、智能化发展趋势，构建具备支撑产业网络辐射扩张能力，具有供应链集成组织能力的关键物流枢纽设施，以实现对我国产业升级的有效支撑，实现对产业布局的空间引导。这种具有复合功能的物流枢纽建设要求，意味着我国在当前物流枢纽发展中，最为紧迫的任务是在国土空间上形成兼顾区域均衡发展、高度聚集物流要素、集成顶层供应链服务功能的枢纽设施，必须坚持供给侧结构性改革主线，加快顶层物流枢纽、产业组织平台的协同建设。

4.充分借鉴国际经验

从国际经验看，发达国家都形成了层次分明、结构稳定的物流枢纽设施结构，良好的物流枢纽网络有效地支撑着其物流网络运行系统的构建，及其产业布局优化和组织模式创新的深入发展。特别是国际上物流绩效指数排名靠前的德国，规划建设核心物流枢纽，集聚了大量物流服务运作资源，承载了核心的跨区域运输与区域分拨等组织，构建了全国物流网络，实现了全国物流的高质量运行；美国孟菲斯、西雅图等城市航空物流枢纽和辐射全球200多个国家和地区服务网络的建设与发展，带动了产业要素的聚集，形成了航空枢纽经济，为以航空为主体的物流服务新业态、新模式规模化发展提供了有力支撑，为我国物流枢纽发展提供了在物流行业优化、物流枢纽经济培育等方面的良好借鉴。我国物流枢纽发展，尤其需要综合考虑物流网络建设、物流枢纽经济发展的要求，通过加快构建核心枢纽，推动物流业转型与物流服务产业高质量发展。

（二）国家物流枢纽规划的提出和特点

基于上述发展依据，我国于2018年颁布了《国家物流枢纽布局和建设规划》（以下简称《规划》），要求在全国加快布局建设国家物流枢纽，这一规划与以往有关规划相比具有不同的发展特征。一是紧扣供给侧结构性改革主线，突出枢纽、物流体系、经济发展的系统联动。《规划》立足国家物流枢纽的布局建设，推动物流领域供给侧结构性改革，优化设施供给、完善组织结构，引导全国物流体系的整体重构，同时强化物流要素与经济要素在枢纽聚集与融合，通过物流体系的网络结构打造、引导产业组织的网络化，完善供应链组织，推动经济高质量发展。二是突出宏观与微观相结合，形成城市载体与枢纽设施两级规划协同。与以往物流领域相关空间规划落实到城市层级不同，《规划》在科学确定城市载体、进一步优化布局宏观网络的同时，切入物流运行的微观领域，明确枢纽设施的科学布局与建设，确保国家战略的有效落地，提高规划引领的战略性与精准性。三是突出运行导向，加快以整合为特色的“点”“网”同步发展。在存量条件下，以符合物流运行规律的效率和效益实现为导向，侧重运行关系调整的系统优化行为，集中体现高质量发展特点。在枢纽节点上，强调依托现有设施开展规模化、功能一体化整合；在国家整体系统上，强调依托国家枢纽群，形成干线与区域辐射相衔接的网络化运行结构，二者互为依托、同步推进，实现物流网络化、规模化、集约化、智能化发展。四是创新推进模式与路径，突出形成有利于枢纽发展的机制。《规划》按照整合与构网的核心思想，明确提出枢纽设施布局建设的控制性和引导性要求，并强调在后续的方案编制、建设推进、网络运行等环节开展质量控制。注重建立有效的市场驱动机制，通过发掘枢纽资源整合、网络运行的利益机制，激发枢纽企业活力，形成市场化发展动力。

（三）国家物流枢纽顶层规划的价值

我国的物流枢纽在前期枢纽规划布局以及推进建设的框架体系下，通过市场自发推进发展，难以快速形成引领物流要素整合发展、促进国家物流运行体系完善的国家物流枢纽，必须强化顶层规划功能和宏观引导作用，推进国家物流枢纽布局与建设，统筹系统效率要求、区域均衡要求，跨越发展阶段障碍。

1. 着眼优化系统，保证国家物流体系整体科学性

我国目前的物流枢纽规划布局体系决定，在国家确定宏观城市节点、地方开展物流枢纽布局与建设工作的基本条件下，各地微观物流枢纽发展主要考虑地方发展需要，体现地方特色虽然是正确的路径，但如不能在微观枢纽设施角度强化整体导向，就难以推进枢纽整体系统有序发展。这也正是早期尽管有大量的物流顶层设计相关规划、文件，提出了不同层级物流节点城市布局，却无法真正引导形成合理的物流运行系统的原因。因此，需要在顶层规划角度，围绕具体的物流运行架构，推进具有实际运营能力的国家物流枢纽布局和建设，确保国家物流体系的完整性和科学性。

2. 破解市场失灵难题，保证枢纽发展区域均衡性

物流的建设和运行领域是市场化较为充分的领域，在既有的以城市为主导、市场运作、分散推进的发展方式下，经济发展相对落后的地区，由于物流设施的地方投入能力不足，以及物流设施的发展营利性较弱、吸引各类资本能力较弱等原因，我国物流枢纽发展的地区不平衡格局明显。而物流的特

殊地位决定，物流运行环境是地方发展竞争力的一部分，国家物流枢纽的布局与建设，对于主动提升特定地区经济要素集聚能力，提高其经济社会发展能力，具有潜在的影响力。在当前我国强调各地均衡、充分发展的宏观经济战略要求下，需要在顶层设计层面主动布局、加强引导，推进国家物流枢纽设施合理布局与建设，支持经济后发地区纳入全国物流设施和运行网络，提高其经济发展能力。

3.强化引导功能，保证枢纽发展快速性

从发展路径角度看，国家物流系统中的关键枢纽设施的形成，若通过市场运行层面的竞争和要素逐步集中路径，虽可能在一段时期后实现规模化和网络化的发展效果，但其过程漫长，难以快速实现，同时不可避免过程中无序发展造成的无谓资源浪费，其结构网络的完善性和科学性，以及运行的联动性，均可能存在统筹不足造成的系统问题。因此，通过顶层规划主动布局、明确定位、赋予功能要求、规范运行等方式，更好地引导市场资源的优化配置，实现快速推进，是基于我国物流枢纽设施分散布局条件特征，集约利用分散资源、避免重复建设、快速形成国家物流枢纽功能的发展需要。

（四）国家物流枢纽发展的重大意义

我国物流业经过多年发展，物流基本服务能力问题早已解决，当前的核心矛盾是物流运行的系统效率不足，解决这一矛盾的核心方向是构建网络化、规模化、集约化的物流网络运行系统，关键路径是通过科学布局和合理定位，实现物流系统的优化和效率的提升。加快推进国家物流枢纽这一顶层设施的布局与建设，对塑造国家物流运行框架、优化物流要素投入产出、发挥物流带动经济发展作用等具有十分重要的意义。

1.国家物流枢纽厘清我国物流设施网络层级，引导物流要素结构合理化，对提高行业要素投入产出水平意义重大

当前我国数量庞大、分散组织的物流枢纽设施，相互间功能交叉、定位不清、能力重复，不仅导致运行效率不高，还造成物流要素投入的大量浪费，以及土地资源利用不集约等发展质量问题。国家物流枢纽所确立的顶层枢纽定位，将对我国物流枢纽设施形成明确的层级发展引导，从而促使区域内物流要素围绕层级差异化的枢纽定位实现有序布局，形成功能的差异化发展、运作的一体化融合、运行的网络化对接等合理结构。一方面优化区域物流发展中的土地、资本等要素投入结构，加快集约发展，避免投入浪费；另一方面，通过层级化带来的运行系统优化塑造，提高物流系统的实际运行效率，支持更少的要素投入，实现更高的物流服务供给效率。因此，国家物流枢纽的布局建设，将系统改变我国物流要素结构，对提高物流行业的整体要素投入产出水平具有积极的意义。

2. 国家物流枢纽勾勒国家物流组织主框架，搭建网络化运行系统，对推动物流降本增效意义重大

合理布局和建设国家物流枢纽，在空间上形成与我国大通道结构相适应，符合国家经济、人口结构的物流要素集聚的合理空间结构，将勾勒出我国物流实际组织和运行的顶层框架。依托国家物流枢纽的顶层功能建设，形成枢纽间骨干通道运行网络，以及辐射区域的枢纽集散运行网络，对于重新塑造我国干、支一体的网络化运行整体系统，加快推进多式联运高质量发展，促进公转铁、公转水，优化运输方式结构，推动物流降本增效发展具有十分重要的意义。

3. 国家物流枢纽提高关键节点要素聚集度，对推动物流规模经济和枢纽经济高质量发展意义重大

当前，我国加快建设现代经济体系，要求在空间上形成既有利于均衡发展，又有利于形成区域经济增长极的发展结构，要求在发展模式上形成包括物流在内的各类经济发展要素融合创新路径，发掘经济增长新动能。国家物流枢纽的布局建设，有利于改善区域物流要素布局结构，促进顶层节点的物流组织规模化，加快形成骨干物流通道网络，提高区域经济的供应链集成组织水平，客观上形成高度统筹物流高质量发展与促进经济产业转型发展的重要路径。因此，布局建设国家物流枢纽，对于物流领域贯彻供给侧结构性改革主线，培育物流发展和经济发展供需双侧新动能，探索枢纽经济、网络经济、平台经济等发展范式创新具有重大意义。

二、国家物流枢纽发展特征和内涵

按照国家物流枢纽提出的有关目的和依据，《国家物流枢纽布局和建设规划》明确提出了国家物流枢纽有关特点。

（一）国家物流枢纽发展特征

国家物流枢纽作为承载国家物流骨干网络架构的核心设施，具备特定的服务功能特点和发展定位特色，与既有存量设施存在特定的发展关系。

1. 国家物流枢纽的设施形态

基于强化运行导向的枢纽发展思路，国家物流枢纽是统筹宏观网络空间和微观网络运行的产物，因此，国家物流枢纽的形态区别于以往以城市为枢纽的宏观形态，明确为具体的设施形态，从而承载实际的网络运行组织功能，并依托其高度集成性和规模性，承载宏观角度的国家骨干通道网络塑造功能。国家物流枢纽要求具有清晰的设施空间边界、产业内容边界和独立的设施运营组织主体。

2. 国家物流枢纽的顶层地位特征

按照物流运行网络对组织枢纽的层级要求，国家物流枢纽是居于我国各类物流枢纽顶层的核心设施。其顶层枢纽含义体现为三个方面。一是体现为国家物流枢纽在全国物流通道网络运行中所承载的顶层功能定位，即国家物流枢纽具备衔接国际的干线运输组织功能，以及相应的对区域分拨集散的集成组织功能，因而在国家物流体系中，居于网络骨架的核心位置。二是体现为国家物流枢纽在全国物流组织层面的整合牵引地位，国家物流枢纽由于承载干线向区域辐射的核心功能，而在物流组织上，对其他枢纽具有在运作上的整合关系，发挥其核心牵引作用。三是体现为居于产业供应链组织的顶层地位，在分散供应链围绕运输、仓储进行公共集成的过程中，枢纽承载最为顶层的产业组织中枢功能。

3. 国家物流枢纽的公共服务属性

国家物流枢纽的发展，着眼于国家整体物流组织框架的改进和完善的核心设施，突出服务于集中开展的区域物流业务，而非为特定的个别生产、商贸企业自身运行服务，因而具有鲜明的公共服务属性。国家物流枢纽是以服务区域物流活动组织、区域产业组织需要，以提供物流的集成化、公共性服务为特征的枢纽设施。

4. 国家物流枢纽的复合功能特征

物流的派生性特点决定，物流服务与产业运行具有密切的相关性，物流枢纽的物流组织活动开展，本质上就是产业组织在供应链关系上的一种体现。国家物流枢纽由于聚集要素资源，是承载干线与区域辐射的双重网络运作组织，天然与国家重要产业的网络化组织要求相契合，特别是在信息化等发展条件下，二者的要素聚集度和融合特征更为明显。因此，国家物流枢纽将同时具备物流服务和产业服务组织功能，具有复合性特征。

（二）国家物流枢纽的发展定位

从物流系统运行、物流经济关系等角度，国家物流枢纽在国家物流体系、经济产业发展格局中，具有以下总体发展定位。此外，对于载体城市、特定区域发展而言，国家物流枢纽还有其他视角的发展定位，需在发展中结合各地特点具体把握。

1. 国家物流高效运行的核心载体

国家物流枢纽布局于国家的骨干物流通道与网络化辐射的关键节点，承载着国家骨干通道与区域分拨网络等物流活动的关键操作和组织功能，从设施能力和物流组织地位来看，是国家物流活动的核心载体。由多个单一的国家物流枢纽所构成的国家物流枢纽网络，通过合理优化其网络布局结构，构建一体化的组织系统和服务体系，有效整合其他层级物流设施功能和运行，可以有针对性地影响和优化国家物流的总体运行结构，牵引构建国家物流运行系统，提升物流整体运行效率水平。

2. 国家经济产业优化布局的重要依托

国家物流枢纽的布局与发展，是主动引导国家物流组织结构合理化的过程，而依据物流与经济的发展关系，国家物流枢纽的发展客观上也在不断改变和提升枢纽地区在经济发展成本和效率方面的基本环境。因此，国家物流枢纽的布局体现出支撑和引导经济要素流动及沉淀的作用。通过紧密结合国家区域发展战略、产业发展导向等，推动物流枢纽的布局建设，可以有效支撑和引导国家经济空间均衡发展和结构优化。

3.国家经济发展方式转型的服务支撑

我国经济转型升级发展，要求发展动力由要素驱动、投资规模驱动向创新驱动转变，强调通过区域要素的整合、产业链条延伸和组织重构等，实现系统效率和产业价值提升等质量指标的优化发展。基于物流的派生性服务产业特征，国家物流枢纽的布局与建设，无论从发展路径要求还是发展最终效果看，都将带来物流要素和经济发展要素的双聚集形态，这就为枢纽所在区域依托要素集聚，推动区域经济整合和供应链管理结构重塑，推进平台经济、数字经济、规模经济等发展模式创新，形成枢纽经济发展范式，从而为深化经济发展方式转型提供了重要的基础条件。

（三）国家物流枢纽基本功能

国家物流枢纽需要在运行层面承载国家物流体系的顶层功能，因此在具体的枢纽功能构成上，有着明确的发展要求。

1.干、支、仓、配基本业务功能

国家物流枢纽居于网络化运行的顶层组织方位，枢纽必然需要具备干、支两级物流网络组织功能，同时，枢纽服务产业组织定位，要求衔接干、支两级物流网络并形成仓储服务功能的嵌入，综合而言，在枢纽的物流基本业务角度，国家物流枢纽应具备干、支、仓、配基本业务功能。干、支两级物流网络的划分是从组织化角度体现枢纽特征的一种结构划分方式。从运输方式角度看，不管是干线运输还是支线网络运输都包括了铁路运输、水上运输、公路运输、航空运输等。而支线网络，由于辐射距离及组织方式的不同，又存在分拨和配送的具体分类。围绕干支配活动的一体化，以及产业组织在干支配过程中的流通管理，需要形成对层级网络衔接的场站、仓储能力支撑，因此，形成干、支、仓、配业务功能体系，是国家物流枢纽形成其特有的网络组织、产业组织定位的必然要求。

2. 供应链集成服务功能

供应链集成服务功能是国家物流枢纽开展干、支、仓、配业务，并在服务经济产业组织维度进行功能表述。国家物流枢纽的供应链集成服务功能体现为以下三个方面。首先，体现为干、支、仓、配各环节分别对区域分散产业进行集成的组织功能。其次，体现为产业在物流的全流程集成，即干、支、仓、配在特定产业组织中的一体化组织服务。最后，体现为物流与关联服务功能的一体化，实现围绕产业服务需要的集成。

3. 国际物流服务功能

在我国加快构建以国内大循环为主体、国内国际双循环相互促进的新发展格局背景下，国家物流枢纽作为承载国家骨干通道网络组织的载体和顶层供应链集成的平台，必然是国内、国际经济循环的衔接点。因此，国家物流枢纽在建设国内通道网络的同时，需要全面对接国际通道，国际物流服务也成为枢纽必须具备的基本功能。

4. 平台服务功能

国家物流枢纽不是简单地对上述功能的堆砌，需要形成支撑各业务对接的平台功能，以确保业务系统效率和服务的一体化创新。实际上，从既有的物流园区的具体功能来看，多数都具备了各类运输、仓储、产业服务功能，但由于没有构成功能间的有机系统、没有形成一体化服务，并不能体现枢纽价值。因此，围绕干、支、仓、配的环节整合，围绕产业服务的功能整合，围绕国内国际的服务整合等逻辑，建立整合发展的平台，是国家物流枢纽区别于传统物流设施的功能要求。

（四）国家物流枢纽的类型划分

结合国家物流枢纽不同功能特色差异，从引导枢纽整合资源的路径角度，形成了国家物流枢纽的六大分类结构，这些分类在枢纽的功能上具有交叉特点，有必要梳理国家物流枢纽分类发展的出发点，以便更好聚焦枢纽特色化发展。

1. 枢纽分类的考虑

国家物流枢纽发展具有不同的功能特色，而这些特色就是不同枢纽集聚资源、构建网络的关键方向与路径，从更好聚焦枢纽发展推进有关工作的角度来看，需要突出特色分类，差异化推进国家物流枢纽发展。由物流枢纽的物流与经济要素协同集聚特征决定，所有国家物流枢纽都同时具备干支衔接网络化物流组织、产业服务组织两大类基本功能，实现这两大基本功能的差异，决定国家物流枢纽的分类。首先，不同的枢纽地区、枢纽交通禀赋决定了不同地区的特色主通道网络存在差异，形成分别主要依托水路、铁路、航空等不同关键通道方式来开展枢纽网络建设运营的多种情况。因此，围绕网络构建特色，形成了陆港型、港口型、空港型等不同国家物流枢纽分类。其次，不同地区的经济发展基础特征决定了有的地区侧重商贸流通等产业进行资源整合，有的地区侧重围绕服务制造业供应链为特色开展枢纽建设，围绕各地的经济发展路径特色，就形成了生产服务型、商贸服务型国家物流枢纽的分类。最后，从空间和功能角度，边境口岸地区具有特殊国际功能和特殊的经济、物流协同发展逻辑，也需要统筹考虑，由此，形成陆上边境口岸型国家物流枢纽类型。综上，从更好地体现枢纽发展路径、引导枢纽整合资源推进发展的角度来看，国家物流枢纽形成六种类型，分别是陆港型、港口型、空港型、生产服务型、商贸服务型、陆上边境口岸型。需要说明，各种类型国家物流枢纽不存在功能角度的排他关系，即以网络构建为特征的枢纽，也应该具备产业组织服务系统，以不同产业服务为特征的枢纽，同样需要构建物流服务网络，之所以对国家物流枢纽分类，主要是为各地在枢纽建设推进中，把握好资源整合的路径，提供有效引导。

2. 六类国家物流枢纽

陆港型国家物流枢纽。位于内陆地区，依托铁路、公路等陆路交通运输大通道和场站等，衔接内陆地区干支线运输，具备铁路干线运输、大宗商贸交易集散、农产品冷链物流、仓储分拨、多式联运、物流信息共享等主要功能，主要为保障区域生产生活、优化产业布局、提升区域经济竞争力，提供畅通国内、联通国际的物流组织和区域分拨服务。

港口型国家物流枢纽。主要位于沿海和沿长江地区，依托沿海、长江内河主要港口，对接国内国际航线和港口集疏运网络，实现水陆联运、水水中转有机衔接，具备港口的运输和中转功能，发展仓储、配送、加工改装、包装等产业，带动整个临港产业带的发展，主要为港口腹地及其辐射区域提供货物集散、国际中转、转口贸易、保税监管等物流服务和其他增值服务。

空港型国家物流枢纽。依托航空枢纽机场，具备飞机班机运输、包机运输和专机运输功能，主要为空港及其辐射区域提供快捷高效的国内国际航空直运、中转、集散等物流服务和铁空、公空等联运服务。

生产服务型国家物流枢纽。位于第二产业发达地区，依托大型厂矿、制造业基地、产业集聚区、农业主产区等，主要为工业、农业生产提供原材料供应、中间产品和产成品储运、分销等一体化的现代供应链服务。

商贸服务型国家物流枢纽。位于商贸业发达地区，依托商贸集聚区、大型专业市场、大城市消费市场等，主要为国际国内和区域性商贸活动、城市大规模消费需求提供商品仓储、干支联运、分拨配送等物流服务，以及金融、结算、供应链管理等增值服务。

陆上边境口岸型国家物流枢纽。位于陆上边境地区，依托沿边陆路口岸，对接国内国际物流通道，主要为国际贸易活动提供一体化通关、便捷化过境运输、保税等综合性物流服务，为口岸区域产业、跨境电商等发展提供有力支撑。

第五章　国家物流枢纽布局

作为承载国家骨干网络的关键载体和网络运营的核心主体，国家物流枢纽在国土空间上的总体布局，关系到我国物流骨干通道网络的结构塑造，在具体选址中的集约性和设施条件等微观布局，影响我国物流网络的组织和运行效率，合理选择和优化枢纽布局十分重要。《国家物流枢纽布局和建设规划》给出了我国国家物流枢纽的空间布局架构，也提出了具体选址布局的要求，体现了在总体布局上的全面覆盖、均衡发展、战略引领等特征，突出了在选址布局上的网络条件、集约推进等要求。

一、统筹宏观微观的布局模式

国家物流枢纽本身既要在宏观上承载国家通道网络结构塑造作用，又要在微观上落实到具体的设施，以推进网络化运行组织，因此，在国家物流枢纽布局方面，形成了总体宏观布局和微观设施选址布局两种布局选址的布局体系。

（一）宏观布局

国家物流枢纽依托城市载体进行布局建设，服务于以城市为核心的区域经济发展，因此，枢纽的宏观布局体现为枢纽布局建设载体城市（即承载城市）的布局。枢纽的宏观布局服务于区域经济联系需要，依托于交通大通道决定的成网运行条件，载体城市的布局既体现国家的经济空间结构，也反映着通道网络基础设施和运行结构，是统筹现有发展格局与未来发展导向的结果，成为国家引导物流资源合理布局和构建整体枢纽网络系统的关键。

（二）微观布局

在确定载体城市的宏观布局基础上，为落实国家物流枢纽实体设施的发展，需要明确设施选址空间，国家物流枢纽在载体城市内的选址布局即枢纽的微观布局。国家物流枢纽空间选址，关系到枢纽有关功能的有效实现，需要结合载体城市交通网络具体方位、城市经济产业布局空间、城市总体功能区结构、城市存量物流设施的既有条件等，按照有效利用存量、便利通道网络运行、便利服务产业、具备扩张发展空间等原则，综合确定。

（三）两级协同推进

枢纽布局选址需要宏观与微观密切结合，形成国家与地方协同推进路径。国家层面重点把握好枢纽的全局性网络塑造要求，做好顶层设计，确定以城市为载体的国家枢纽空间网络格局，并提出枢纽发展的功能要求，引导微观设施选址优化，而不直接确定城市的具体选址安排。地方则应按照顶层网络所赋予的国家物流枢纽功能要求，结合城市交通通道网络条件、产业布局空间、城市总体功能空间等实际情况，围绕支撑国家物流枢纽功能的更好实现，以及与城市经济社会发展的有效衔接，合理推动具体枢纽设施的空间落地，形成二者协同的布局推进关系。

二、国家物流枢纽布局结构

《国家物流枢纽布局和建设规划》中明确了我国国家物流枢纽的总体网络布局，确定要建设的国家物流枢纽总数，并在枢纽类型、空间等角度分别形成与我国战略空间相适应的布局结构。

（一）枢纽总体布局

《国家物流枢纽布局和建设规划》提出我国选择127个具备一定基础条件的城市作为国家物流枢纽承载城市，规划建设212个国家物流枢纽。各省区市国家物流枢纽布局如表1所示。

表 1　　各省区市国家物流枢纽布局

地区	城市名称［枢纽数量，1 省略］	城市数（个）	枢纽数（个）
北京	北京	1	1
天津	天津［4］	1	4
河北	石家庄［3］、保定［2］、唐山［2］、秦皇岛、沧州、邯郸	6	10
山西	太原［3］、大同、临汾	3	5
内蒙古	呼和浩特［2］、乌兰察布、鄂尔多斯、包头、赤峰、呼伦贝尔（满洲里）、锡林郭勒（二连浩特）	7	8
辽宁	沈阳［3］、大连［3］、营口、丹东	4	8
吉林	长春［3］、吉林、延边（珲春）	3	5
黑龙江	哈尔滨［4］、牡丹江（绥芬河—东宁）［2］、佳木斯、大庆、黑河	5	9
上海	上海［4］	1	4
江苏	南京［5］、苏州［2］、南通［2］、连云港、徐州、无锡	6	12
浙江	杭州［4］、宁波［2］、宁波—舟山、金华（义乌）［2］、嘉兴、温州	6	11
安徽	合肥［3］、芜湖、安庆、蚌埠、阜阳	5	7
福建	福州［3］、厦门［3］、三明、平潭、泉州	5	9
江西	南昌［3］、鹰潭、九江、赣州	4	6
山东	济南［2］、青岛［4］、潍坊、日照、烟台、临沂	6	10
河南	郑州［4］、洛阳［2］、商丘、南阳、信阳、安阳	6	10
湖北	武汉［4］、宜昌、武汉—鄂州、十堰、襄阳	5	8
湖南	长沙［4］、衡阳、岳阳、郴州、怀化	5	8

续表

地区	城市名称［枢纽数量，1省略］	城市数（个）	枢纽数（个）
广东	广州［4］、深圳［4］、湛江、珠海、佛山、东莞、汕头	7	13
广西	南宁［3］、柳州［2］、钦州—北海—防城港、桂林、防城港（东兴）、崇左（凭祥）	7	9
海南	海口、三亚、洋浦	3	3
重庆	重庆［5］	1	5
四川	成都［4］、遂宁、泸州、攀枝花、达州	5	8
贵州	贵阳［4］、遵义	2	5
云南	昆明［3］、大理、德宏（瑞丽）、红河（河口）、西双版纳（磨憨）	5	7
西藏	拉萨［2］、日喀则（吉隆）	2	3
陕西	西安［4］、延安、宝鸡	3	6
甘肃	兰州［2］、酒泉	2	3
青海	西宁、格尔木	2	2
宁夏	银川［2］	1	2
新疆	乌鲁木齐［3］、喀什（红其拉甫）［2］、哈密、库尔勒、石河子、伊犁（霍尔果斯）、博尔塔拉（阿拉山口）、克孜勒苏（吐尔尕特）	8	11
合计		127	212

（二）枢纽空间结构

与以往主要根据各地经济发展情况进行基础设施布局不同，为促进区域间互联成网，支持不同板块的地区经济发展，按照区域划分，国家物流枢纽布局呈现相对均衡的基本结构。东部、中部、西部及东北地区国家物流枢纽承载城市分别为42个、28个、45个和12个，国家物流枢纽数量分别为77个、44个、69个和22个。东部地区国家物流枢纽占国家物流枢纽总数的比例超过30%，中部地区占比

超过20%，西部地区占比超过30%，东北地区占比超过10%。（见表2）

表2　　各区域国家物流枢纽布局数量

地区	物流枢纽（个）	承载城市（个）	物流枢纽占比（%）	承载城市占比（%）
东部地区	77	42	36.32	33.07
中部地区	44	28	20.75	22.05
西部地区	69	45	32.55	35.43
东北地区	22	12	10.38	9.45
合计	212	127	100	100

（三）枢纽类型结构

从支撑各类型物流通道的建设和通道间有机联系，同时支持各地围绕特色经济发展、营造良好物流枢纽网络服务环境出发，国家物流枢纽在优化空间布局的同时，形成了引导发展的枢纽类型结构。共计建设陆港型国家物流枢纽41个，以内陆地区布局为主，其中，东部地区7个、中部地区11个、西部地区19个、东北地区4个，中、西部地区陆港型枢纽达到了30个，占该类型枢纽的73.2%。港口型国家物流枢纽共计30个，主要分布在我国11个沿海以及长江沿线城市，其中，东部地区19个、中部地区6个、西部地区3个、东北地区2个。空港型国家物流枢纽共计23个，其中，东部地区11个、中部地区3个、西部地区8个、东北地区1个。生产服务型国家物流枢纽有47个，其中，东部地区20个、中部地区11个、西部地区11个、东北地区5个。商贸服务型国家物流枢纽共计55个，其中，东部地区20个、中部地区13个、西部地区16个、东北地区6个。陆上边境口岸型国家物流枢纽有16个，其中，西部地区12个、东北地区4个。

三、国家物流枢纽网络布局特点

从国家物流枢纽承载城市布局规模、相关的网络结构，以及发展中提出的有关政策导向看，国家物流枢纽网络布局呈现空间覆盖、均衡引导、战略侧重、区域联动、可变调整等特点。

（一）支持国土空间的全面网络覆盖

国家物流枢纽的数量规模和空间布局，体现了对我国国土空间的全面覆盖，这种覆盖是基于国家物流枢纽的合理辐射半径形成的点辐射格局，具有鲜明的网络化特征。以胡焕庸线为分界，顶层物流枢纽在不同经济发展水平、人口布局结构等条件下，其网络化运行和经济组织的合理辐射距离为控制条件，明确枢纽辐射半径。借鉴近些年电商快递企业的区域分拨节点布局经验，对胡焕庸线以东、经济较为发达地区，确定100～150公里经济辐射半径；对胡焕庸线以西、经济欠发达且城市密度相对较低的区域，确定150～300公里经济辐射半径，则我国127个国家物流枢纽承载城市，基本可以通过区域辐射物流网络，全面覆盖全国国土空间。

（二）突出支撑区域均衡和增量培育

从国家物流枢纽在区域间的布局结构看，规划体现了对国土空间在均衡发展角度的兼顾理念。中西部地区以及东北地区的枢纽载体城市个数约占所有载体城市的70%，相对于既有的载体城市经济体量现状以及区域经济占比结构而言，经济相对后发地区的国家物流枢纽布局规模比例明显偏高，这反映了国家在顶层规划中进行了侧重性的布局调整，突出了枢纽对区域经济均衡发展的引导，强调了提前布局、超前培育、谋划发展的布局思路。当前，我国加快构建以国内大循环为主体、国内国际双循环相互促进的新发展格局，在此背景下，国家物流枢纽突出区域相对均衡布局意义重大。

（三）侧重支持重大战略实施

从枢纽布局的内在结构关系看，既体现了对物流通道网络的运行体系支撑，即沿着我国南北向、东西向主要物流通道，突出铁路、水路等设施通道

串接组织要求，进行枢纽的集中布局；也体现了对区域空间的网络互动支撑，即在城市群等区域空间内，形成枢纽网络的联动与融合。枢纽布局突出对重大物流通道运行支撑和促进区域协同导向，与我国众多发展战略形成有机互动，使“一带一路”倡议，以及长江经济带、京津冀协同发展、长三角一体化、西部陆海新通道等重大战略均得到国家物流枢纽在布局结构、数量上的有效支撑。

（四）鼓励区域联动发展

以构建“通道+枢纽+网络”的运行体系为发展导向，国家物流枢纽布局格外强调鼓励跨区域联动、区域协同发展。在跨区域联动方面，国家物流枢纽沿大通道集中布局，并支持按照串接通道的空间结构，推动枢纽间形成业务协同和通道化运营。在区域协同方面，《国家物流枢纽布局和建设规划》中明确提出“支持京津冀、长三角、珠三角等地区的承载城市在城市群内部开展国家物流枢纽的合作共建”，鼓励国家物流枢纽在区域范围内进一步规模化集聚多个城市资源，服务更大范围的统一市场，更好实现物流规模经济。

（五）强调培育性和动态调整

国家物流枢纽布局作为我国物流发展的顶层设计，其布局不是对现有物流网络、物流存量基本格局的简单反映，而是强调围绕国家经济空间均衡合理的总体发展格局，通过枢纽的布局发展，以及通过枢纽对区域经济的带动和经济增长点的培育，实现动态化的合理运行网络构建，这一逻辑本身存在鲜明的发展培育性和空间结构引导性。与培育性同时存在的，就是发展中的不确定性，为此，国家物流枢纽布局明确了可调整空间布局的要求，《国家物流枢纽布局和建设规划》中明确指出“建立国家物流枢纽定期评估和动态调整机制，在规划实施过程中，对由市场自发建设形成且对完善国家和区域物流网络具有重要意义的枢纽和所在城市及时调整纳入规划范围，享受相关政策；对枢纽长期达不到建设要求或无法有效推进枢纽实施的承载城市要及时调出”。这体现了将发展的合理性与发展的现实效果紧密结合，把整合发展的战略性与地区发展的积极性高度统筹的发展思路。

四、国家物流枢纽设施选址要求

国家物流枢纽设施的具体布局选址，主要由枢纽载体城市主导推进，这有利于将枢纽与实际的发展条件紧密结合，更好发挥支撑各地经济发展的作用。《国家物流枢纽布局和建设规划》提出了设施选址布局的原则和基本要求，为各地开展枢纽布局工作提出了方向指引。

（一）突出载体城市自主布局灵活性

宏观层面国家物流枢纽网络空间布局的落地，必须与地方的交通网络条件、产业布局空间、城市功能区格局现实情况实现有机衔接，因此，国家物流枢纽设施的具体选址，由枢纽载体城市依据自身发展条件和发展需要，按照实现枢纽规划要求的各项功能，进行灵活布局。突出选址的地方主导性，既有利于枢纽的实际推进，也赋予了载体城市利用国家物流枢纽布局建设契机，开展城市层面物流系统整合，推进物流枢纽与区域经济发展密切融合的有效路径，将对国家物流枢纽更好地与城市发展互动，发挥更强大的支撑引领经济发展效能，产生积极的作用。

（二）强调存量整合的布局要求

国家物流枢纽的布局发展强调存量整合发展导向，这体现了国家物流枢纽规划尊重现实、节约资源、集约发展的思想。首先，我国各地已经建设了大量的物流基础设施，不少物流园区、物流中心等综合性设施已经形成了要素集聚环境和规模运营条件，应该充分利用存量设施，避免既有投资、土地等资源的浪费。其次，国家物流枢纽强调规模化的运作和特定功能的集成，如干、支、仓、配环节功能的兼具，以及国际服务功能的叠加等，对于城市而言，这些功能在早期的发展中，可能已经分散在不同的空间和设施中，从运作整合的角度来看，就需要对存量设施进行有机整合，这种整合既包括存量功能设施的迁建，及后续增量设施合理引导布局等空间整合，也包括对空间分散设施在不改变现有布局情况下，开展运作维度的功能整合等，最终形成空间集中和运作集成的集约化发展格局。

第六章　国家物流枢纽发展总体任务

在行业发展的总体视角，推进国家物流枢纽布局建设的任务包括：通过枢纽资源整合，实现行业规模经济；通过枢纽组网运行，实现行业网络效率；通过枢纽集成供应链，支持物流经济培育三个主要方面。此外，从国家物流枢纽营造我国物流规模化网络化运行的条件，以及成为规模化网络化运行的关键载体出发，国家物流枢纽的发展，还将在物流发展的多个领域承载行业高质量发展任务，如多式联运发展、应急物流体系建设、标准化的推进等，这些任务既是枢纽实现集聚资源、网络运行的必要路径，也是依托枢纽推进的行业发展重要事项，需要在未来国家物流枢纽的建设发展中不断探索和挖掘。

一、整合区域物流服务资源，推动形成规模运作环境

按照枢纽形成和发挥作用的基本理论，国家物流枢纽建设的出发点就是形成顶层的规模化组织载体和主体，并依托规模组织实现网络化运行系统的塑造，因此，枢纽发展首要任务就是有针对性地整合区域物流服务资源，营造物流规模运作的环境基础。

（一）整合物流资源的方向

依据物流枢纽发展的有关理论，结合国家物流枢纽的发展特征，国家物流枢纽开展区域物流资源整合主要遵循规模集中导向、功能集成导向两个整合方向。

首先，追求规模集中是国家物流枢纽整合资源的基本导向，是决定枢纽组织成本、效率的关键。国家物流枢纽布局建设的提出，本就是着眼于解决我国物流设施过于分散，聚集资源能力不强，资源利用效率低，经营运作的增值能力不强，运作规模经济难以实现等发展中的现实问题。因此，围绕组织化所需

要的规模，通过枢纽对资源的整合，实现在枢纽节点上的物流规模化运作，夯实高效率、低成本、网络化物流运行的基础，是国家物流枢纽的关键性目标。

其次，追求功能集成是国家物流枢纽资源整合的重要方向，是决定枢纽规模经济实现、服务水平全面提升的必要条件。国家物流枢纽顶层物流网络组织、顶层供应链集成组织功能定位，对枢纽整合资源提出了对干、支、仓、配等不同环节功能，以及国际服务、流通加工、金融结算、信息服务等特定功能系统的集成整合要求。从物流网络整体运行看，实现干线运输的规模化，必须得到支线网络的高效、规范、低成本的集疏支线环境支撑，而支线的规范化发展，同样需要对接稳定、常态、高质量的干线业务，利用好干线成本和效率优势，实现一体发展。因此，枢纽仅有特定环节的规模还不能实现网络效率，必须形成多种功能生态化整合，才能有效发挥组织优势。从供应链服务角度看，对产业组织过程实现全链条服务是枢纽业务竞争力的体现，枢纽必须在系统整合干、支、仓、配等功能基础上，形成对流通加工、渠道服务、国际服务等要素的有效整合，形成要素整合基础上特有的枢纽服务竞争优势。

（二）整合物流资源的方式

国家物流枢纽整合资源主要体现为空间整合和运作整合两种方式。一是空间整合，即通过将区域内物流资源向国家物流枢纽进行空间集聚而实现整合，空间整合是枢纽整合资源的最为直观的方式。其原理为，一方面同类功能资源在空间上的集聚，带来最为基础的规模叠加，整体性提高枢纽空间内企业的协作水平和规模经营能力；另一方面不同功能资源的空间集聚，将为功能间的便利衔接、企业间的业务联动创造互补发展环境，从而发挥整体功能价值。二是运作整合，运作整合本质上是一种平台化的整合，是围绕功能环节的衔接、围绕规模化的供需对接等，以信息化为基础，以业务组织方式的创新为形态，开展的深层整合。运作整合是实际提升规模效率和服务质量的关键手段，通过枢纽的运作一体化，实现干、支、仓、配等物流环节之间、物流和关联服务功能之间的无缝衔接，并据此推动枢纽综合服务的生成和创新，将枢纽的规模化条件真正转化为供需高效对接、资源充分利用的规模经济运行方式。运作整合是扩大枢纽规模组织的有效手段，对于并不能在枢纽空间进行集聚的资源，可以充分利用信息平台的开放特征，实现组织化角度的运作整合，从而扩大枢纽规模组织、延伸枢纽组织范围，提高枢纽组织能力。

（三）整合资源的路径

从国家物流枢纽整合的资源结构和发展的路径看，推动资源整合既包括对存量资源的调整性整合，也包括对增量资源的引导性整合。一是存量整合。对存量资源进行整合，是国家物流枢纽整合资源的重要路径，是立足现状，快速形成枢纽集聚发展效果的重要手段。对存量资源的整合，在空间上体现为通过开展统筹布局和建设，将既有的物流设施中具有顶层组织特征的设施，纳入国家物流枢纽范围；在运作上体现为，推进各类现有物流业务运营企业信息、业务、资产等角度的深度协作，并重点培育形成枢纽运营统一市场主体，实现对业务体系的整体设计和平台化运营。二是增量引导。着眼长远发展，推动符合枢纽功能特征的增量资源向国家物流枢纽布局发展，形成增量引导的资源集聚路径，是国家物流枢纽整合资源的另一条关键路径。对增量资源进行引导，并非泛泛地将城市未来发展的所有物流增量都向国家物流枢纽布局，而是需要清晰引导对象的范围，将具备顶层特征的干线组织、区域辐射分拨、顶层配送等特征的物流资源，向枢纽空间或枢纽运作平台进行集聚。同时，对增量资源进行引导，必须建立合理的政策机制，既包括物流资源类型甄别机制，也包括引导的政策设计，这种政策设计需要体现一定的刚性，也需要强化土地、资金等配套支持，发挥引导作用，还需要形成市场化的内在驱动力，需结合各地情况加强研究和策划。

二、构建国家骨干网络，加快形成网络化运行系统

国家物流枢纽以“通道+枢纽+网络”运行体系为核心发展导向，在整合资源形成规模运作和功能集成的基础上，加快推动国家物流枢纽组网运行，是枢纽发展的核心任务。

（一）构建国家顶层骨干物流通道网络

跨区域的骨干物流通道，对其他层级物流网络具有牵引作用，是我国物流干支网络建设的关键，推动构建国家顶层骨干物流通道网，是国家物流枢纽承载运行组织的首要任务。随着我国交通设施的持续建设和能力的不断提升，我

国跨区域交通通道基础条件日益完善，但跨区域通道化物流运行显得质量不高，特别是随着我国产业链供应链组织要求不断提高，高质量的常态化、低成本、快速的长距离通道化运输和物流服务产品供给明显不足，需要以枢纽为依托，加快通道组网运行。构建骨干物流通道网络，推动路径是强化国家物流枢纽间的运作互联互通与协调联动，依托各节点国家物流枢纽规模条件，以及支线网络支撑环境，加快形成枢纽间稳定的干线业务系统，并以国际化的功能嵌入，对接国际通道网络，实现国内网络与国际通道的一体化运作。

（二）打造支线网络

支线网络是相对于干线通道而言的中短距离分拨集散网络，国家物流枢纽面向周边150～300公里半径的经济辐射区域，建立以公路运输为主要方式的区域服务网络，是枢纽构架我国合理层级网络化运行系统的重要支撑。支线网络是枢纽发挥网络组织的重要组成部分。一方面，支线网络与干线通道具有密切的一体化运行关系，二者在运输环节形成发挥不同运输方式经济比较优势的共生系统，是支撑国家物流枢纽开展国家骨干通道网络建设的基础。另一方面，支线网络的建设，是国家物流枢纽强化区域辐射联系，引领区域经济一体化发展的重要依托。国家物流枢纽支线网络建设具有特定的要求，作为支线网络最主要方式的公路运输，决定其服务的便利性、灵活性、可达性，严格来说任何物流枢纽设施均具备辐射区域公路运输能力，但国家物流枢纽推进支线网络建设，关键点不在于公路运输对周边辐射服务的存在和可达，而在于形成紧密衔接的干线运输，低成本、规范化、稳定性强的支线网络服务体系，以及实现干支全程、供应链全链条的成本效率比较优势。

（三）完善配送网络

支线网络与配送网络是从不同角度进行的区域集散物流网络表述，依托国家物流枢纽开展配送网络建设，重点是依托支线网络和城乡末端配送节点，打造城市顶层配送服务网络。其顶层特征体现为，国家物流枢纽在配送组织上对区域内其他配送节点形成分拨性质的网络组织关系，并依托不同配送资源在枢纽空间和枢纽平台上的聚集，推动发展共同配送等高效率、公共性的配送网络。

（四）强化干支配服务衔接

国家物流枢纽构建干支配网络，不是以各层级网络的存在为目的，从发展的初衷看，国家物流枢纽的发展目的是形成规模网络经济，而规模网络经济落到市场运行则体现为整体的竞争力。枢纽需要构建整体低成本、高效率的干支一体化网络，使这种合理化的层级网络在运行上具备市场竞争比较优势，从而真正形成推进网络化运行物流体系重构的市场驱动力。正因如此，干支配网络的一体衔接，以及干支配服务的创新，在国家物流枢纽网络建设中，成为十分重要的任务。枢纽干支配服务的衔接，在单纯的运输组织角度主要体现为多式联运的发展，强调不同层级、不同方式网络化运输的一体化；在供应链运行组织角度则表现为干支配网络功能，在仓储服务功能支撑下，围绕产业组织实现流程和模式的再造与创新，国家物流枢纽既是运输组织也是供应链组织的载体，应同时具备对两种一体化服务的有效支撑。

三、推进产业链供应链集成，支持物流经济发展范式创新

无论是国家物流枢纽自身的建设发展，还是“通道+枢纽+网络”的枢纽运行体系建设，立足点虽在物流领域，但最终目的都是服务于经济产业的高质量发展。依托国家物流枢纽的规模化聚集服务资源、网络化服务体系，推进供应链集成，深化产业组织创新与转型发展，并通过营造区域经济发展环境，探索物流经济发展范式，引导我国经济空间布局优化，是国家物流枢纽发展的重要任务。

（一）推动供应链集成，加速产业组织创新

国家物流枢纽推动物流规模组织、网络化运行、功能一体化运作，在改变顶层物流组织结构的同时，本质上也改变了顶层的供应链组织架构。因而，在供需双侧同步推进国家物流枢纽的建设和产业组织创新，成为国家物流枢纽高质量发展的深层逻辑。应围绕国家物流枢纽构建干线运输、区域分拨、现代仓储、城市配送物流服务系统的进程，推进物流枢纽建设与产业组织融

合，深化供应链横向规模集成、纵向服务功能集成，推动全链条组织成本优化、组织范围扩大、组织模式创新，打造现代产业链供应链协同发展系统，探索现代产业链供应链高质量发展新模式，提高产业链供应链整体国际竞争力，发挥国家物流枢纽物流组织、产业组织双重中枢功能。

（二）培育物流经济发展范式，引导经济空间优化

基于物流枢纽具备产业开发功能的基本特征，国家物流枢纽实际承载国家骨干通道网络的运行组织，具有强大的经济发展环境营造功能，在创新经济发展范式、塑造经济发展空间上理应发挥巨大作用。一方面，应把国家物流枢纽的规模化运作、网络化运行与产业智能化、网络化组织密切结合，深化国家物流枢纽与区域产业布局协同、运作融合，支持在物流和产业的双重维度实现网络化扩张，培育网络经济、规模经济、平台经济等，形成以供应链整体创新为动力的经济增长模式，培育枢纽经济发展范式，打造经济增长极。另一方面，通过在全国加强骨干通道网络建设，提高要素沿通道流转效率、成本水平，提高区域间经济产业协同水平，促进供应链上下游有机衔接，积极培育具有带动作用的物流与经济协同增长战略支点，增强中西部等地区要素布局和经济发展能力，推动国家经济空间的全面优化。

四、发挥规模网络条件，支持行业多领域高质量发展

国家物流枢纽的建设，由于承载物流全行业的顶层网络组织功能，是物流运行体系的切入点，是规模和网络化物流组织的核心场景，其发展也当然关系到物流领域发展的方方面面，成为物流行业领域多种工作事项推进的重要依托。在《国家物流枢纽布局和建设规划》中，强调依托枢纽推进多式联运发展、打造专业服务网络等任务。

（一）依托国家物流枢纽整体推进多式联运发展

多式联运是干支网络运行在运输组织视角的体现，多式联运的发展以及公转铁、公转水等工作的推进，需要形成市场化的内在驱动力，表现为

两种方式衔接而成的全程运输组织效率、成本，要优于单独的公路运输方式。我国推进多式联运发展近年来取得了积极进展，但总体效果与国际先进水平相比仍有差距，其中，制约多式联运高质量发展的原因，虽有技术上衔接设施条件不足、联运企业发育不够、信息联通不畅等一系列直观问题，但根源还在于联运组织的网络化推进、规模化运作不足，导致全程服务的经济性优势发挥不足。具体而言，首先，运输网络组织的整体规模效应不足。把多式联运作为专项工作在单点开展组织，或是围绕特定线路组织推进，而非把干支网络作为各节点的组织基本模式系统性推进，难以形成全面的、公共性的网络规模效应，脱离这种规模网络，则联运组织的规范性、标准化难以深入发展，必然带来成本的竞争劣势。其次，从产业组织需要出发，单独推进联运工作难以形成规模经济。联运组织仅仅是需要进行干支衔接物流组织的一部分，随着产业链供应链的升级和产业组织模式变革，大量产业需要在节点开展落地存储、流通加工、保税管理、分拣配送等环节工作，其本质要求不是运输组织，而是时空结构优化导向兼具的产业组织，需要形成运输衔接、物流衔接的多重功能要求，仅从运输角度推进联运发展，不利于形成综合规模。因此，依托国家物流枢纽对多式联运发展进行全网络整体推进，强化规模基础上的标准化、规范化联运产品设计，综合开展既满足快速转运需要，又适应流通供应链环节物流服务组织需要的服务产品，使国家物流枢纽具备了涵盖联运功能的网络优势组织逻辑，成为为多式联运创造规模经济效应、发掘市场化推进动力的根本手段。

（二）依托国家物流枢纽推进标准化建设

物流领域标准化的推进，同样需要市场化动力赋能，特别是随着物流业的发展，已经在不同行业细分领域、各不同区域、不同团体内形成了既有的设施、设备的发展标准和应用现状，虽然标准化的适用广度、标准间衔接等问题较突出，亟待加强标准化建设，但强制性推进有关标准化，或将为企业带来成本负担，或者需要财政的额外付出，并且由于各类标准的主体间若非业务联系的促成，很难在人为要求下达成共识，各类标准与地区经济产业组织的适应特征也不尽相同，标准的选择与推广将较为困难。正因如此，标准化的推进，需要市场企业通过形成规模业务、形成联动业务，在以适应供应链组织需要为核心原则的各项物流业务磨合中，逐步发掘内在市场动力，形成标准共识，在运行中逐步找到标准衔接的方式、方法。国家物流枢纽作为物流规模运作、物流环节功能集成的载体，天然将为标准化建设提供关键的应用场景，使各项物流标准在业务对接中，在追求运行效率中，实现有效衔接、逐步生成和统一推广。

（三）依托国家物流枢纽推进物流信息互联互通

推动信息化发展，特别是推进信息互联互通，核心关键在于建立信息联通的底层逻辑，这个逻辑就是企业间业务协作的需要。在物流业务相对孤立的背景下，信息的孤岛现象的出现是必然结果。在现代产业组织环境下，信息是具有潜在价值的新型要素，在推进信息互联互通过程中，简单通过搭建信息平台，或是推进信息接口的标准化，并不能从根本上形成企业间信息联通的意愿，从而导致信息虽然可连接，但实则不需要连接，更没有驱动连接的价值支撑。信息闭塞、信息孤岛的破解，必须建立在业务联系、价值发掘的底层逻辑之上。国家物流枢纽的建设，提供了干、支、仓、配业务衔接的环境，建立了通过业务整体运行提升效率的价值实现路径，为推进物流领域信息化发展，特别是信息互联互通，创造了新的行业运行生态基础，成为推进信息化发展和互联互通的关键平台。

（四）依托枢纽推进应急物流体系建设

我国物流领域已经形成了强大的服务基础能力，应急物流体系的建设，重点不是大规模新建专业应急物流设施，而是按照平急结合的原则，建立高效、有序的应急功能转化系统，确保紧急状态下，用好强大市场既有能力。国家物流枢纽的组织化中枢地位决定，枢纽天然是组织物流领域各项要素开展应急功能转化的核心，在我国应急物流体系建设中发挥重要作用。首先，国家物流枢纽的物流、经济要素规模聚集特征，为市场、国家、地方等各种储备，以及实物和产能不同形态储备的统筹与有效利用，创造了条件；其次，国家物流枢纽的空间结构覆盖特点，为应急物流的多点建设奠定基础；再次，国家物流枢纽的网络运行环境，为应急物资的大通道跨区域转运和各地的末端网络分配，提供了集中运作的能力；最后，国家物流枢纽的运作平台化和运营主体性，为统筹掌握市场上各类运输、储备力量，并开展应急预案管理，强化应急调度组织，创造了支撑条件。因此，应当利用好国家物流枢纽这种重大物流设施条件，做好多种储备的能力、空间、运作协调工作，强化在国家应急物流体系平台下，依托枢纽网络的应急设施、运行功能嵌入，更高质量推进我国应急物流体系建设。

综上所述，国家物流枢纽在推进诸多专业物流、多项物流基础性工作中，都将发挥关键的抓手作用，以上仅就部分领域进行了国家物流枢纽发挥相关作用的机理说明，其他如冷链物流、快递物流系统、国际物流体系、航空物流体系、危化品物流等，都有依托国家物流枢纽推进其高质量发展的内在逻辑，需要未来在国家物流枢纽布局建设的实践中，不断加强探索，深化功能嵌入，推进枢纽发展和物流领域重大工作的有机融合。当然，国家物流枢纽本身的建设，特别是各类要素的有效聚集，也依赖于各地将各项物流相关专项工作在顶层架构上进行围绕国家物流枢纽的发展引导，形成既有效推进枢纽发展，又高水平推进物流领域有关工作开展的良好生态。

下篇
国家物流枢纽建设推进

国家物流枢纽布局建设采用国家宏观规划引导发展、地方政府统筹资源整合主导发展、相关企业开展业务运营实际推动枢纽建设的发展机制，可以看到，国家物流枢纽布局建设实际推进的关键主体是载体城市和枢纽运营企业，在推进枢纽发展的实践中，需要立足城市和企业视角，聚焦推进有关工作。载体城市政府作为主导枢纽建设的主体，承担着各具体枢纽布局建设关键任务，不仅需要契合国家规划的要求，更需要在国家物流枢纽与城市物流体系、国家物流枢纽与城市以及区域经济发展的关系角度，深化对国家物流枢纽发展的本地视角认识，紧扣构建新发展格局建设，把握各自发展特色，形成战略性、系统性的发展思路，有效引导资源整合，谋划推进枢纽发展。国家物流枢纽运营企业作为枢纽发展的实际操盘主体，需要深刻把握枢纽规模、网络发展的核心要义，寻求创新推进枢纽建设运营的有效路径，确保枢纽发展效果符合国家规划要求，契合地区经济社会和物流发展特色，获得实际经营效果。

在《国家物流枢纽布局和建设规划》文件发布后，各地加快推进国家物流枢纽建设，枢纽发展质量不断提升，既有效支撑了城市物流、区域物流的规模化发展和一体化运作，也促进了“通道+枢纽+网络”国家物流运行体系加快形成。为进一步推进国家物流枢纽高质量发展，本篇内容重点从推进国家物流枢纽布局建设实践的角度，探索载体城市、运营主体视角下的枢纽建设思路和任务，为枢纽建设者提供借鉴和参考。

第一章　国家物流枢纽建设推进关系

国家物流枢纽采取国家与地方、政府与企业协同推进的发展模式，厘清相关发展关系，明确各不同主体在推进枢纽发展中的职责，有利于推进国家物流枢纽健康发展，使之既能很好地满足宏观发展需要，又能充分利用枢纽建设契机，促进地方经济高质量发展。

一、顶层规划引导

国家以规划等方式对国家物流枢纽发展发挥引导作用，其中2018年颁布的《国家物流枢纽布局和建设规划》是对枢纽空间布局、骨干物流网络建设、枢纽发展要求的顶层设计；国家每年对枢纽建设名单开展选择，对相关重大项目予以支持，鼓励枢纽企业开展网络运营等，是国家引导枢纽发展的具体手段。充分发挥国家规划引导作用，是整体、系统推进国家物流枢纽健康发展的重要基础，其发展引导性重点体现在以下几个方面。一是引导国家物流枢纽网络的整体布局和发展，即以规划为核心，明确枢纽的布局、类型、数量、功能定位、发展目标、发展任务等，提出枢纽发展具体要求。二是把握节奏推进国家物流枢纽建设，即通过选择成熟的枢纽纳入建设名单，充分掌握各地枢纽建设发展情况，把握推进的节奏，确保整体枢纽建设推进的同步、配套和有序；同时，对枢纽重大项目进行资金支持，协调有关保障政策，营造良好发展环境，发挥引导资源配置作用，确保枢纽发展的质量和方向。三是对枢纽运营的有效引领，即通过国家物流枢纽联盟等平台建设，以及通过开展枢纽发展总结、评估工作等，引导枢纽加快运营组织优化和通道运行组网，切实推进枢纽业务的高质量发展。

二、城市主导推进

国家物流枢纽的落地布局、建设，涉及具体发展资源的有效配套，形成对土地资源、产业资源、物流要素等的有效整合，需要发挥具有资源配置能力的载体城市作用，同时，国家物流枢纽发展所形成的网络特色、区域网络定位、产业服务功能等，也需要符合枢纽载体城市及所在区域的发展特色，需要载体城市对枢纽发展进行具体功能的谋划，正因如此，国家物流枢纽的主导推进主体必然是枢纽载体城市。城市主导国家物流枢纽发展主要体现在发展战略和实际推进两个方面。一是明确枢纽发展战略方向和思路，尽管国家规划明确了载体城市所发展枢纽的类型、功能等，但是实践中的枢纽发展推进，还需要在城市层面明确枢纽与本区域经济社会发展的战略关系，如枢纽在城市经济发展中的战略定位，枢纽在城市对外大通道网络中的物流系统架构等，以确定所承载的国家物流枢纽地区特色战略方向，从而指导枢纽具体建设，推进枢纽与地区发展有机融合，切实发挥好枢纽在地区发展的作用。二是统筹推进枢纽布局选址和建设，落实本地区枢纽发展战略谋划，编制枢纽发展规划和枢纽的具体建设方案，在地区总体经济空间、城市功能空间、交通通道结构、物流设施条件等基础上，强化枢纽发展资源的有效配置，实际支持和推进枢纽整合资源、空间选址、运营主体培育等枢纽建设工作。

三、市场主体运作

国家物流枢纽只有形成体现枢纽特征的通道网络体系、物流集成业务，才具备真正意义上的枢纽内涵，归根结底，国家物流枢纽的形成，最终还是运行出来的，开展各项枢纽业务的企业，则在枢纽建设推进中承担着最为直接的发展任务。必须在顶层规划引导、地方政府资源配置主导基础上，有效发挥枢纽相关企业作用，切实构建国家物流枢纽特色业务体系，推进国家物流枢纽发展。与以往的物流设施仅作为载体不同，国家物流枢纽强调运营主体作用的发挥，市场主体在国家物流枢纽发展中需形成特定的业务关系和组织关系，推进枢纽业务的整体性建设，落实枢纽的关键业务运营。一是枢纽运营的整体性特色，国家物流枢纽由于需要在业务上形成规模化、一体化的格局，以满足对业务系统的整合，因此，枢纽的运营需要有实际的市场主体进行整体设计，这对枢纽业务由各类企业推进的分散结构提出了新的整合要求，无论采用哪种方式进行市场主体整合，枢纽运营主体必须有条件、有能力落实对枢纽业务体系整体的最终要求。二是推进枢纽关键业务的开展，国家物流枢纽最为核心的业务就是组网运行，因此，枢纽有关企业需要围绕对外干线通道、围绕区域辐射网络等，形成强大的业务能力，并在组网运行中，强化干、支、仓、配集成与整合，形成顶层的供应链服务系统。

第二章　深化载体城市对国家物流枢纽的发展认识

在物流行业和物流经济融合发展宏观视角，国家物流枢纽既是顶层的网络设施载体，也是顶层的供应链服务平台，但对于具体的节点而言，国家物流枢纽的发展具有特殊定位与发展价值。载体城市应深刻认识枢纽发展与城市物流系统、城市经济发展、区域经济发展的关系，利用国家物流枢纽布局建设契机，系统谋划国家物流枢纽发展，形成良好发展效果。

站在载体城市的视角，深刻认识枢纽发展与城市物流系统、城市经济发展、区域经济发展的关系，既是谋划本地区枢纽发展的基础，也是利用国家物流枢纽布局建设契机，实现融入国家物流通道网络，促进地区发展的重要前提。

一、国家物流枢纽与城市物流系统的关系

从总体定位关系看，国家物流枢纽承载全国顶层通道网络运营组织功能，必然承担有效牵引城市物流系统整体性构建的核心定位，枢纽的建设对承载城市物流系统建设将产生重要影响。基于我国城市物流发展的总体现状，枢纽牵引物流体系发展的作用将体现为，通过整合城市物流资源、打造区域物流组织中枢、创新发展路径等枢纽发展重点，形成对城市物流系统的设施布局、要素结构、运作模式整体优化效果。

（一）整合城市物流资源

国家物流枢纽的建设以存量物流资源的整合为基础，并允许功能补短板

下的增量设施建设，以实现基础设施空间布局、市场主体要素聚集、运行服务体系的整体重塑。围绕顶层物流网络建设导向的枢纽物流资源整合与结构重塑，必然对承载城市物流系统带来深刻影响。一是对城市物流节点结构的影响，枢纽的布局建设，将加快城市物流节点系统功能的分层、分级和布局优化，形成围绕国家物流枢纽，具有内在联系的城市物流设施网络系统；二是对城市物流要素结构的影响，国家物流枢纽干支配网络建设，对城市物流服务要素聚集方式、区域辐射方式、业务运行模式产生深刻影响，同时也将影响物流与经济产业发展资源的关系，促进城市产业布局的优化，提高城市物流与产业资源利用效率。

（二）打造区域物流组织中枢

国家物流枢纽是国家顶层物流网络设施，是国家骨干物流网络的重要节点，是跨区域、国际化物流服务资源要素聚集和高效流转的组织中枢，使国家物流枢纽承载城市成为区域物流服务组织中枢。为提高城市在区域物流发展中的地位，承载城市需要在战略层面进行区域物流组织定位，并按照区域物流组织中枢进行城市物流资源整合和服务系统建设。为此，承载城市要以建设国家物流枢纽为契机，深度嵌入国家骨干网络，织密城市区域物流辐射网络，紧密衔接城市物流配送网络，加快城市物流规模化、公共化、集成性组织服务能力和水平，发挥城市作为区域物流组织中枢的作用，提高城市的区域物流竞争力。

（三）确立城市物流发展路径

整合城市物流资源和将城市打造成区域物流组织中枢，为国家物流枢纽承载城市的物流发展指明了方向，也为城市提供了物流业高质量规模化发展的路径。一是按照城市物流发展特色，依托国家物流枢纽的干、支、仓、配功能和一体化的网络服务，寻求提升城市存量物流资源的路径，做优存量和提高既有物流服务效率、降低物流成本；二是在存量物流提升的基础上，利用国家物流枢纽的集聚效应，培育物流增量，将物流业打造成城市具有增量价值的产业；三是通过存量和增量物流发展环境，寻求制造业、流通业发展增量新路径，并通过产业链供应链融合，实现城市产业的高质量发展。因此，国家物流枢纽承载城市应确立依托国家物流枢纽优化城市物流系统和提升产业布局发展竞争力的新路径。

（四）优化城市物流系统结构

1. 优化物流设施布局结构

为发挥国家物流枢纽功能，实现城市物流的系统化再造，首先需要对承载顶层物流服务功能的国家物流枢纽进行科学布局选址。应按照存量设施优先、干线条件优越等布局导向，优先选择区位条件良好、基础条件成熟、市场需求旺盛、发展潜力较大的存量物流设施并加以培育，以连片集中布局为主，集中设置物流设施，集约利用土地资源。突出毗邻港口、机场、铁路场站等重要交通基础设施和产业聚集区布局，与城市中心的距离位于经济合理的物流半径内，并与城市群分工相匹配，兼顾产业布局和城乡格局，便于物资的集散中转，减少迂回运输，降低综合物流成本。

2. 优化物流要素功能结构

要形成国家物流枢纽的强大组织能力，发挥物流规模和网络经济，必须改变传统的城市物流要素分散发展格局，主动推进物流要素聚集发展，为此，国家物流枢纽承载城市应营造相应的政策环境，有侧重地将物流服务资源和设施资源进行合理的结构调整，形成相应的发展基础条件。从物流服务要素聚集角度，应侧重将干线服务、区域分拨服务、顶层仓配服务等物流资源进行有组织的布局优化，引导物流服务企业集群发展，支持国家物流枢纽集中承接第三方物流、电子商务、邮政、快递等物流服务的区域分拨和仓储功能，减少物流设施无效、低效供给，促进土地等资源集约利用，提升设施综合利用效率。从设施要素聚集角度，按照发挥物流规模经济的要求，鼓励通过统筹规划迁建等方式整合铁路专用线、专业化仓储、多式联运转运、区域分拨配送等物流设施及通关、保税等配套设施，推动物流枢纽资源空间集中，对迁建难度较大的分散区块设施，支持通过协同运作和功能匹配实现统一的枢纽功能。支持物流枢纽设施短板突出地区结合产业发展和城市功能定位等，按照适度超前原则高起点规划新建物流枢纽设施。

3.推进平台化运作

为实现国家物流枢纽运作层面的规模整合，必然需要形成三个角度的平台化运行组织能力，这种平台化运行组织能力，是以信息平台的建设为基础，三种相应功能开发为体现方式。一是对分散物流资源的规模运作平台化组织能力，即以枢纽为平台，对城市和区域内各类物流资源，形成集中交易、集中组织的基本功能，如铁路运输平台、航运交易平台、航空组织平台、公路运输交易平台等；二是对干、支、仓、配不同功能，以及相应的服务配套的一体化运作能力，打破物流信息壁垒，推动枢纽内不同功能的物流企业、供应链上下游企业间信息共享，加强交通运输、公安、海关、市场监管、气象、邮政等部门公共数据开放共享，加强干线运输、支线运输、城市配送的一体化衔接；三是对要素流转的交易支持能力，以物流资源要素交易平台方式，开展挂车等运输工具、集装箱、托盘等标准化器具及叉车、正面吊等装卸搬运设备的租赁交易，提高各类物流资源的市场化配置效率和循环共用水平。

二、国家物流枢纽与城市经济发展的关系

国家物流枢纽对区域和城市物流要素的聚集，将基于产业链供应链形成全新的聚集型经济发展形态，为国家物流枢纽承载城市发展枢纽经济创造条件。充分认识国家物流枢纽与城市经济发展的关系，对于载体城市深化供给侧结构性改革，战略性、全局性谋划国家物流枢纽的发展具有重要意义。

（一）培育产业链供应链集成核心载体

现代物流是需求派生性产业，区域、城市、产业物流服务需求，是物流业发展的重要基础。城市枢纽经济基于枢纽要素聚集发展枢纽经济，却具有较强的供给引领的原生性，从派生到原生的转换如何才能实现，需要准确把握现代产业和信息、智能技术发展背景下物流业发展的基本规律和趋势。物流枢纽经济发展遵循以实体经济降本增效为导向的产业组织逻辑，这个逻辑

的核心就是将国家物流枢纽建设成为培育产业链供应链集成的核心载体，为包括物流在内的产业规模扩张形成具有规模的物流服务需求、要素聚集价值增值创造条件。首先，国家物流枢纽的布局建设和运行，体现为干线物流需求的规模化集成、干支网络的精准衔接和高质量运行、区域物流需求的有效集聚和辐射等，形成承载城市的物流增量。其次，物流干支配衔接营造具有区域竞争优势的物流运行成本、效率环境，将为城市其他产业和消费扩张提供物流组织下的供应链高度集成和高效服务，支撑和引领产业链供应链协同基础上的产业规模扩张。因此，从本质上看，国家物流枢纽是一定区域内产业链组织、服务组织中心，是供应链的组织枢纽，承担着产业空间布局和组织方式重构载体的重任。

（二）推动物流枢纽经济发育和发展

产业发展遵循追求产业规模经济的基本逻辑，是在市场、资源、生产的总体运作关系结构中，寻求以成本和效率为导向、效益为体现的合理生产布局、规模安排、联系资源与市场组织手段等模式创新。在信息技术、智能技术等支撑下，依托现代物流的集成性和网络辐射条件，现代产业组织日益体现为网络化与智能化趋势，并在产业空间、组织方式、价值形态等方面体现枢纽经济发展要求和范式。国家物流枢纽创造了产业规模经济发展模式和环境，有效支撑现代枢纽经济发育和发展，一方面体现为枢纽通过要素聚集、网络构建，加速经济要素的低成本辐射流转能力，扩大经济产业资源地、市场空间的范围，实现产业规模经济发展；另一方面体现为物流和经济要素的协同集聚，以平台化组织方式延伸各类基于供应链的金融、信息等综合性服务集成业态，形成平台经济模式，提升产业发展价值。国家物流枢纽承载城市应充分利用枢纽建设契机，不断增强极化效应，提升城市能级，主动推进产业空间布局优化和结构调整，引导新模式、新业态的融合发展，创新临空经济、临港经济、口岸经济等特色枢纽经济产业类型，培育经济增长新范式。

（三）加快枢纽与城市产业融合发展

物流枢纽经济发展的核心价值在于枢纽聚集要素并与城市制造、商贸、农业等产业融合发展，以要素聚集和规模扩张培育城市经济发展的新增长点。因此，无论是城市物流业发展还是城市经济转型提质，城市均应确立供给侧结构性改革的思维，利用国家物流枢纽形成的新供给，统筹枢纽建设、配套的物流设施建设与产业布局发展，加快培育物流枢纽经济，为枢纽与城市产业融合发展奠定基础和创造条件。要通过存量经济的供应链整合，营造做大做强产业的环境，结合城市物流资源整合、统一市场建设，培育城市增量经济发展。为此，城市要围绕国家物流枢纽规划、建设、布局、功能、运营等，统筹谋划与城市产业培育、转型、发展、业态创新等，确立枢纽与城市产业融合发展的枢纽经济整体战略框架。

（四）优化物流枢纽经济的发展结构

1. 优化功能区和设施布局

为发挥国家物流枢纽有效促进枢纽经济的发展能力，首先，应在总体布局上强化枢纽与城市产业的空间布局衔接，在规划层面做好城市产业发展功能区与枢纽的联动布局，形成物流与产业在运作系统上的有效衔接，提高枢纽为产业服务的效率。其次，要做好国家物流枢纽产业服务功能区的布局和建设，完善公共性的干支仓配物流服务，适应区域特色产业的供应链服务需求，合理布局枢纽功能区和提高产业布局承载空间，推动大宗物资商贸交易物流功能区、电商物流功能区、生产制造业供应链集成功能区、区域分拨功能区等的发展，形成枢纽要素聚集和产业服务功能载体系统。

2. 强化枢纽产业功能匹配

为提高国家物流枢纽的布局建设对城市产业发展服务效能，需要完善枢纽服务产业发展的功能、模式。应围绕城市产业规模扩张、质量提升要求，以及供应链服务功能需求、产业链供应链衔接等要求，有针对性地构建国家物流枢纽的服务体系。要建立与优势产业辐射方向相匹配的物流通道和网络节点设施，为产业扩张发展提供低成本、高效率辐射服务环境。要提供与特定产业规模化运行相适应的供应链集成服务能力，形成共同采购、集中分销、统一仓配、智能供货等服务体系。要加速与产业的融合发展，形成符合产业价值提升方向和要求的各类新型发展业态。

3.引导要素集聚增量发展

在优化物流枢纽布局基础上，要求城市持续深化物流领域“放管服”改革，营造良好的政策环境，积极吸引具有比较优势的产业，围绕枢纽周边经济发展功能区实现集聚发展。根据城市增量产业发展规划，针对性设计枢纽物流系统，布设专业化功能设施，强化对增量产业上下游企业的吸引聚集，推动关联企业集群化发展。强化现代信息技术应用，以实体性物流组织中心为基础，突出平台化物流、信息流、商流、资金流等要素聚集，提高组织规模水平，创新平台型经济发展模式，实现城市产业规模扩张与增量经济发展。

三、国家物流枢纽与区域经济发展的关系

国家物流枢纽是跨区域通道运营的关键依托，由此承载着区域间经济要素流动和产业协同组织的重要功能。深化国家物流枢纽与区域经济发展的关系认识，将有助于区域间形成枢纽发展和区域经济培育发展的共识，促进有关发展政策、管理、环境营造的协作，发挥物流重大通道、区域网络在支撑引领区域经济发展中的功效。

（一）创造区域经济协同条件

国家物流枢纽及枢纽之间的干线通道建设，将有效扩大枢纽的辐射范围和密切枢纽之间的物流运作关系，在枢纽功能支撑和枢纽与城市产业联动的运行发展基础上，将创造良好的区域经济协同发展环境。一是国家物流枢纽间的骨干通道网络，为区域间经济要素流动和产业链供应链协同创造了环境。国家物流枢纽间的互联互通，必然降低区域间的物流成本和提高物流服务效率，有利于加速资源要素跨区域流通，将优化区域间资源配置、推动区域产业协同发展。二是跨区域的不同类型国家物流枢纽间功能互补，将完善区域间产业供应链联系，使不同区域产业实现错位发展，利于不同载体城市强化发展特色产业。如陆上边境口岸型枢纽以通关保税、过境运输为特色，国际

物流功能较强，与沿通道内陆区域国家枢纽形成在国际服务体系上的互补和产业发展上的互促，进而形成区域性较为完备的产业走廊和规模发展环境；生产服务型枢纽主要服务于工业和农业生产，突出现代供应链集成；商贸服务型枢纽主要服务于末端商贸消费，突出产品的市场流转，这些服务不同产业发展需求的枢纽，对形成跨区域产业链和实现产业联动协同具有积极作用。三是国家物流枢纽对区域其他层级物流节点设施的运作具有整合与联动作用，创造了区域经济一体化发展环境。国家物流枢纽的平台化运作，有序整合了区域内其他设施能力和服务功能，强化了不同物流与产业主体间的业务和资源协作，既缓解了同质化竞争和低水平重复建设，又对产业组织层级提升、完善区域产业组织方式、加速区域经济整体高效发展产生积极作用。

（二）促进区域经济联动发展

国家物流枢纽创造了良好的区域经济协同发展条件，将加快区域经济联动发展。一是国家物流枢纽之间的互联互通和骨干通道网络建设，将增强国家物流枢纽承载城市产业布局发展竞争力，使不同城市资源禀赋和竞争力差异化的优势得到最大限度发挥，承载城市在竞争中形成合理分工，在“通道+枢纽”的物流服务能力、效率和成本优势的基础上，必将强化区域之间的产业合作，实现区域经济联动发展。二是国家物流网络的构建，将加快区域间经济要素高效流转，促进枢纽服务区域间产业链、产业体系构建和产业布局优化重构，强化区域间的产业深化合作。三是枢纽要素聚集能力增强，将有助于推动依托枢纽的通道经济、网络经济、枢纽经济发展，形成区域具有差异的经济增长极和培育承载城市新的经济增长点，带动区域经济高质量发展。

（三）创新区域经济发展模式

1. 服务区域经济一体化发展

国家物流枢纽有效放大了区域资源利用规模与范围，便捷区域内不同城市开展产业链供应链协同合作，创新了区域经济一体化的发展路径。充分发挥国家物流枢纽作为城市对外辐射的核心组织中枢作用，在跨区域城市之间强化枢纽间的干支线网络业务对接，形成通道化、网络化的区域物流服务体系，创新区域经济一体化发展的组织模式。一方面，加快形成枢纽间干线对开或干线多点联动的组织结构，加强物流相关能力标准互适、服务质量统一，形成通道化、网络化的跨区域一体化发展环境，提高经济要素在区域内的高效、自由流转能力，为区域经济一体化发展提供服务支撑；另一方面，推进跨区域的支线网络互用，以枢纽平台间的业务对接为手段，以各枢纽对本区域的辐射网络为基础，形成覆盖骨干通道和区域辐射网络的全程组织体系，支持跨区域经济活动的全链条运行。

2. 引领区域经济规模发展

区域经济一体化发展和国家顶层物流网络的高效、低成本服务支撑，将引领国家物流枢纽承载城市形成各具特色的产业，同时各产业间基于产业链供应链的高度互补和互促，形成整体优化效应，共同做大产业规模，提升区域产业发展质量的同时，有效扩大区域产业规模。国家物流枢纽承载城市产业核心供应链集成能力提升，以及产业组织功能平台的建设，在强大枢纽服务和运行体系支撑和引领下，将最大限度发挥枢纽承载城市产业发展比较优势，加快区域经济高质量规模扩张。国家物流枢纽类型差异，造就了服务区域经济发展的功能的不同，将引领区域经济形成具有差异化的规模扩张路径。陆港、港口、空港等枢纽，强调服务大循环、双循环新发展格局的干线运输组织集成，将引领产业资源集聚和创新国内国际双向辐射发展路径。生产服务型、商贸服务型等枢纽，强调对承载城市产业资源的供应链集成，通过对接干支配运输组织，既扩大城市产业发展规模，又促进加入大循环和双循环。陆上边境口岸型枢纽，则重点强化国际服务功能集成特征，对接内陆物流运作与产业发展，形成国内国际双向辐射枢纽和通道。因此，不同类型的国家物流枢纽承载城市和枢纽设施，应围绕区域经济合作和协同发展，整体营造规模扩张环境，突出枢纽功能互补和规模协同放大效应，引领区域经济规模扩张和高质量发展。

第三章　确立系统化的枢纽发展思路

基于对国家物流枢纽发展与城市物流系统、城市经济、区域经济发展的关系认识，载体城市在推进国家物流枢纽布局建设中，不能仅着眼于简单符合国家物流枢纽规划提出的有关要求，而应紧密结合本地特色，统筹枢纽建设与城市发展战略路径，形成具有战略性、系统性的发展思路，从而精准落实国家物流枢纽在本地区发展的定位、功能，科学指导国家物流枢纽的实际建设发展，最终发挥好枢纽建设对区域经济发展的支撑引领效果。

一、坚持供给侧结构性改革主线，确立推进枢纽发展的战略思维

国家物流枢纽的发展是塑造区域物流供给系统的核心，很大程度上决定着载体城市经济产业发展的环境，因此，对载体城市而言，枢纽发展关乎经济发展战略的路径问题，必须确立战略性思维，坚持供给侧结构性改革主线，统筹物流与经济在供需双侧的适配关系，在城市发展的综合战略层面谋划国家物流枢纽发展。

（一）强化供需双侧统筹

站在物流供给视角，国家物流枢纽建设的核心在于提供物流通道网络服务，在需求角度，则体现为枢纽对区域经济在供应链环节的服务集成，载体城市推进国家物流枢纽建设，若脱离实际的产业运行需要，既容易造成枢纽建设得不到需求支撑，各项运营业务难以推进，也容易使枢纽最终发展效果偏离合理的经济发展方向，从而难以发挥枢纽支撑引领经济发展效能。必须在谋划枢

纽发展的初期，按照供给侧结构性改革主线，将国家物流枢纽建设可能形成的物流服务新供给，与本地经济、产业合理的高质量发展方向进行供需双侧的有机统筹，突破单纯的物流发展视角，建立供需适配的枢纽发展思路。

（二）融入城市发展综合战略

按照供需适配思路推进国家物流枢纽发展，一方面，体现为将枢纽发展融入区域经济发展的整体战略中，高度统筹区域物流环境营造、区域产业发展重点、重点产业发展方向、区域产业布局，形成在区域经济发展总体战略框架下，国家物流枢纽的战略定位、战略功能，促进国家物流枢纽发展与区域整体发展高度协同与融合，确保枢纽发展的战略正确。另一方面，应充分认识到在现代产业转型和高质量发展中，产业链供应链的提升建设至关重要，着力突出国家物流枢纽在供应链集成角度的关键平台作用，把枢纽发展视为区域经济战略实施的关键路径与手段，进行枢纽发展的系统谋划。

二、立足本地特色，契合国家战略，建立谋划枢纽发展的科学导向

坚持供给侧结构性改革主线，落实战略性谋划枢纽发展思路，不能泛泛而谈，必须结合地区发展特色，找到地区与国家战略的切合点，真正明确发展的方向。这就要求枢纽载体城市将地区在国家整体战略中的位置、在通道网络中的特色条件、经济产业发展的禀赋特点等进行统筹谋划，找到城市经济发展的关键比较优势，围绕实现和放大这种比较优势的导向，进行枢纽发展的精准谋划。

（一）立足区域发展特色

载体城市的区位特点、交通及物流通道网络条件、资源禀赋、产业基础各不相同，基于不同发展条件的城市经济发展战略方向、路径均有自身特色，

相应的枢纽发展也应体现特色方向。必须立足载体城市的发展基础，找到城市特定的优势产业和潜在的规模经济产业，统筹有关产业的发展需要，形成城市经济、区域经济发展的合理方向，并适应需求端的发展要求，聚焦城市物流供给系统建设，特别是物流通道和网络服务建设方向，最终形成符合地区特色的枢纽建设方向。

（二）契合国家战略

顺应国家战略大势是载体城市谋划战略方向的基础，并决定国家物流枢纽的发展方向。就当前发展而言，首先应顺应构建新发展格局的发展要求，构建新发展格局是当前我国经济发展中统领性的战略方向，所有的载体城市都应结合自身在大循环、双循环中的空间、功能特点，找到符合区域特色的经济发展方向以及枢纽通道网络构建方向。同时，我国东、中、西、东北等区域发展战略，“一带一路”倡议以及长江经济带、京津冀协同发展、长三角一体化、粤港澳大湾区建设、西部陆海新通道、成渝双城经济圈等各项重大战略，全面涵盖了国土经济空间，各枢纽载体城市应将城市特色与有关国家战略密切结合，从而聚焦产业组织与枢纽服务的重点。

（三）建立比较优势导向

立足地区特色，紧扣国家战略，统筹落实各地经济发展和国家物流枢纽建设方向，本质是找到本地区经济发展、产业布局的比较优势，而其中产业运行的物流成本效率，特别是成本效率支撑下的物流网络辐射范围，决定了产业组织的规模经济与网络经济，对于构建发展比较优势具有关键作用。国家物流枢纽作为塑造网络的关键载体，应发挥区域战略支撑的手段作用，建立寻求实现并放大这种比较优势的枢纽发展导向，在通道网络方向、网络运行成本、产业服务功能集成等领域形成有指向的发展特征。

三、统筹城市发展功能，建立推进枢纽发展的系统路径

国家物流枢纽是牵引构建城市物流系统的关键，对于城市物流空间布局、

功能结构、运行组织等具有全局性影响，同时国家物流枢纽作为区域产业供应链集成组织平台，对于区域产业空间布局和组织模式等也将产生深远影响，载体城市推进国家物流枢纽发展，应建立整体谋划城市物流体系的前置思路，并做好枢纽与经济产业发展的整体空间与功能关系统筹设计，形成系统推进枢纽发展的路径。

（一）强化枢纽与城市物流系统的整体发展谋划

立足优化城市物流系统整体资源配置，载体城市应建立将国家物流枢纽发展与城市物流系统建设全面统筹的发展思路。重点应理顺国家物流枢纽设施与城市其他物流设施的空间、功能、运行关系，着眼于优化城市物流空间布局和功能层级的整体系统，在此基础上，合理布局建设国家物流枢纽，并围绕枢纽顶层功能要求，引导不同层级网络服务企业和供应链服务企业等要素差异化集聚，以便形成层级衔接的城市物流通道网络运行系统。《国家物流枢纽布局和建设规划》文件中，也在政策环境部分强调了载体城市应结合国家物流枢纽建设契机，加快编制或完善城市物流规划。

（二）强化枢纽与产业发展系统的有机衔接策划

为促进国家物流枢纽更为便利地开展区域经济发展服务，支持枢纽发展与各类产业进一步融合创新，应将枢纽发展和城市产业发展以及城市功能区建设等一体统筹考虑，实现有机协同发展。一方面，在枢纽的内部功能区谋划中，应充分考虑区域特色产业的顶层供应链集成服务需要，留出相应的产业服务功能空间，积极谋划和引导物流与产业融合发展，支持业态模式创新发展；另一方面，在空间上，应围绕提高国家物流枢纽就近服务产业便捷化的要求，统筹枢纽布局和城市功能区布局关系，并积极谋划枢纽与周边空间的产业生态系统建设，探索国家物流枢纽经济示范区等建设。

第四章 推进枢纽布局和建设

承载城市在厘清国家物流枢纽发展思路基础上，需加强与枢纽运营主体的协作，按照规划文件要求，结合各地实际，落实推进枢纽的布局、建设等工作。具体而言，推进枢纽建设主要工作涉及枢纽的选址布局、建设设施、培育运营主体、发展枢纽业务、培育枢纽经济等。

一、科学开展枢纽选址布局

承载城市开展国家物流枢纽选址是推动枢纽建设的第一步骤，需要依托城市既有物流设施，统筹城市经济、产业、物流、交通发展情况，并结合城市未来功能空间结构进行前瞻性选址。枢纽选址考虑的主要因素包括存量设施利用、综合交通条件、设施内部功能关系、产业联动空间关系等，这些因素是相互交织的，需要承载城市进行深度统筹，最终综合确定。枢纽选址工作本身就是城市开展资源整合的重要内容，关系到枢纽能否很好发挥相关功能，影响着枢纽经济和社会效益的实现效果，承载城市应高度重视，科学开展选址，最大限度发挥国家物流枢纽在区域物流发展中的引领作用。

（一）充分利用存量设施开展选址

伴随着我国经济的持续快速发展和产业的规模扩张，为适应城市生产和生活需要，我国已形成了较大规模的物流基础设施，对国家物流枢纽选址和建设形成良好支撑，成为国家物流枢纽选址建设的重要依托。国家物流枢纽承载城市的物流发展基础通常较好，存量物流设施规模较大，存量物流设施在空间布局方面已一定程度上体现了城市区位交通和产业空间分布情况，且具有良好的业务基础。从整合资源、节约投资等角度出发，承载城市应摸清城市物流设施家底，尽量选择和利用好存量物流基础设施进行布局。

根据国家物流枢纽选址、占地规模、功能等方面要求，不同类型国家物流枢纽应结合不同城市存量物流基础设施进行合理布局。具体而言，陆港型国家物流枢纽一般依托具有铁路、公路运输条件，并已经形成物流运作条件的铁路物流园区、多式联运基地等存量设施开展布局，以便开展跨区域多式联运组织形式。生产服务型国家物流枢纽一般依托承载城市生产制造业集聚区的存量物流基础设施，便于为城市乃至区域生产制造业规模扩张提供物流供应链服务。商贸服务型国家物流枢纽一般依托服务于城市商贸市场群或电商集聚区等存量物流基础设施，更好支撑城市商贸业态扩大辐射能级。港口型国家物流枢纽一般依托承载城市主要港口后方的存量物流基础设施，并兼顾良好的公铁运输条件，便于通过与其他物流枢纽互联扩大港口辐射腹地。空港型国家物流枢纽一般依托承载城市机场附近的存量物流设施，提升城市或区域航空物流辐射能级。陆上边境口岸型国家物流枢纽一般依托承载城市陆上边境口岸后方的存量物流基础设施，通过与境内外物流枢纽互联互通，提升口岸物流组织化水平。

（二）优选综合交通条件便利空间布局枢纽

国家物流枢纽的物流运作规模大，需要选址在周边交通网络条件较好的区域，同时，国家物流枢纽的骨干网络运行要求高，需要选址空间具备特定的铁路、水路、航空等大通道交通设施支撑，因此，优选综合交通条件便利空间开展枢纽布局，是重要的选址考量。承载城市需要在梳理本城市交通条件基础上，结合国家物流枢纽的类型和要求，进行空间选址，考虑到枢纽的规模化发展特点，应做好枢纽未来运量规模与设施能力的匹配研究，并积极谋划集疏运设施补短板建设工作。

对于不同国家物流枢纽承载城市、不同类型国家物流枢纽而言，由于其所处的区位条件和承担的物流服务功能的差异化，不同枢纽对交通条件的要求各有不同。具体而言，陆港型、商贸服务型、陆上边境口岸型国家物流枢纽一般应选址在便于接入铁路货运站、高速公路出入口的位置，以满足陆路干线规模化物流运作要求。生产服务型国家物流枢纽可结合承载城市交通条件，一般应选址在便于接入铁路货运站、港口码头的区域，以满足大规模物流运作要求。港口型国家物流枢纽一般应选址在毗邻枢纽港口后方，且具备铁路货运或快速接入高速公路的交通条件，通过与港口联动开展大规模的陆海联运组织形式。空港型国家物流枢纽一般应选址在机场附近，并具备快速接入高速公路的交通条件，能够满足高附加值、强时效货物的快速集散要求。

（三）功能互补、多点整合

城市存量物流设施在布局和形成过程中，并未充分考虑不同物流设施之间的层级关系和业务联系，总体处于分散布局状态，以单一的功能设施难以适应国家物流枢纽的规模和功能要求。同时，一些特殊的功能性设施如保税物流、铁路多式联运设施因为选址的特殊性，很多并未布局在城市大型存量物流设施内，客观上也需要按照国家物流枢纽的功能要求进行整合。此外，随着城市的扩张发展，城市的经济功能区、物流需求集中区与存量物流设施在空间上可能存在分离，需要进行多点整合布局，以促成一体化运营。在现实条件下，通过多点选址，整合布局国家物流枢纽，有利于避免重复建设造成资源浪费，较短时期内形成枢纽的功能体系。

载体城市在推进多点选址布局枢纽时，应充分认识到其内在机理和原则。规划中明确，枢纽以连片集中布局为主，分散布局的互补功能设施原则上不超过2个。这一方面强调了集中连片，目的是提高国家物流枢纽的功能和空间规模集中度，便于功能的衔接和高效开展多种业务；另一方面强调了分散布局设施应具备功能互补性，且不宜过多，这是面向既有发展条件的现实选择。因此，载体城市不应漫无目的地开展多点选址，将过多设施整合纳入国家物流枢纽空间，影响枢纽的规模运作和业务集中性，而需要从枢纽所应具备的功能系统的完备性出发，进行空间上的互补协同选址。

（四）深度联动区域产业布局枢纽

将国家物流枢纽布局在产业集中的区域，有利于物流供需的快速匹配和便利组织，对降低产业组织、经济运行物流成本，具有积极意义。同时，通过物流枢纽聚集产业服务资源，提供网络化服务，也具有促进产业扩张发展，加速产业集群形成的作用。因此，选择临近产业集聚区布局枢纽，形成枢纽与产业空间有机关联格局，是载体城市开展枢纽选址的重要考虑因素。

在具体推进过程中，载体城市应全面梳理城市既有产业空间布局，统筹未来城市增量产业布局空间结构，考虑不同类型国家物流枢纽服务对象和特色功能要求，合理围绕对接产业空间开展枢纽选址。生产服务型国家物流枢纽重点服务于城市或区域生产制造业扩张，满足大规模原材料运输和产品国内国际辐射要求，因此宜选址城市生产制造业集中、物流需求量大的区域，便于为生产制造业提供一体化的物流供应链解决方案。商贸服务型国家物流枢纽重点服务于城市或区域商贸业扩张发展，重点满足大规模商品集货、区域分拨配送需求，因此应选址在商贸市场群集中或电商快递集中运作的区域，更好促进商贸业提升区域乃至国际辐射能级。陆港型、港口型、空港型、陆上边境口岸型国家物流枢纽在体现通道特色、国际化特色等基础上，同样服务于城市特色产业的扩张发展，因此，在考虑交通等条件基础上，也应选址在城市或区域产业物流需求集中的片区。

二、推进枢纽设施建设与完善

通过以存量利用为原则的枢纽选址，国家物流枢纽通常具备一定的设施条件，但无论是从追求枢纽规模化发展的角度还是从完善枢纽功能的角度出发，各地的国家物流枢纽均需要进一步开展基础设施的建设。载体城市应围绕功能设施补短板、业务设施扩大规模、要素聚集发展等方向，加快推进枢纽基础设施建设。

（一）补齐功能设施短板

依托承载城市存量物流基础设施开展枢纽建设，客观上选择了城市物流设施条件最优、功能相对完善的存量物流设施，但是存量设施并不是按照国家物流枢纽进行的规划建设，与国家物流枢纽的功能要求相比，通常会存在一定的设施短板，部分功能设施短板，如多式联运转运设施、铁路专用线、国际物流功能设施等的短板，对国家物流枢纽的功能发挥有至关重要的影响，需要在选址完成后，加快补齐功能设施建设短板。总体而言，我国物流设施在多式联运转运设施、国际物流设施、物流信息平台、铁路专用线等方面，普遍存在短板，是承载城市在枢纽建设环节需要重点关注的领域。具体而言，不同类型国家物流枢纽设施补短板的方向各有侧重，陆港型、港口型、空港型、陆上边境口岸型国家物流枢纽，主要服务于大规模的货物集散、分拨，重点要补齐多式联运和国际物流基础设施短板，提高货物转运能力。对于生产服务型、商贸服务型国家物流枢纽，重点要搭建供应链服务平台，补齐多式联运等设施短板，提高生产制造、商贸流通供应链服务水平。

（二）推进增量设施建设

国家物流枢纽因为对区域物流活动开展高度集成，围绕骨干通道，形成对外集中辐射的干支网络中枢，所以必然具备巨大的物流集中规模运作量。在补齐多式联运、国际物流等功能设施短板的同时，传统的物流设施作为国家物流枢纽的载体，其设施规模、服务能力通常难以满足国家物流枢纽的特有规模要求，需要在既有的设施能力基础上，推进各类增量设施的建设。增量设施建设既要结合不同类型国家物流枢纽的功能要求和区域物流需求规模和特点，也要充分借助现代科技对物流业的赋能，高起点、高标准新建一批物流设施，支撑国家物流枢纽物流运作的智慧化、智能化。具体而言，陆港型、港口型、空港型、陆上边境口岸型国家物流枢纽，应重点强化干支配等网络运作设施能力，适应物流网络规模化发展需要。生产服务型、商贸服务型国家物流枢纽，围绕为区域生产制造、流通业提供更强大的一体化供应链服务，着力引导供应链服务企业进驻，提高供应链仓配等集成服务设施能力，适应服务更大范围产业组织需要。各类国家物流枢纽，特别是国际物流特色显著的枢纽，还应提升保税物流、通关查验、国际班列设施等能力，更好支撑国内国际物流循环畅通。

（三）聚合综合功能设施

国家物流枢纽网络构建，将推动承载城市融入国内国际一体化的网络化物流运行体系，促使枢纽成为区域物流运作的成本洼地和效率高地。承载城市可充分利用枢纽这一比较优势，做好城市物流顶层设计，将具有跨区转运和区域集散特征的冷链物流、应急物流、物资储备等城市功能设施，纳入国家物流枢纽开展建设，既为有关城市功能提供高效率网络环境，也为枢纽聚集资源和扩大规模创造条件。

1. 做好城市物流设施布局顶层设计

国家物流枢纽改变城市物流基础设施层级和空间分布，承载城市应以枢纽布局建设为契机，做好城市物流体系顶层设计，优化城市物流基础设施空间布局，引导枢纽设施建设。首先，做好城市物流基础设施的分级，将国家物流枢纽明确为城市最高层级的物流基础设施，其他物流园区、物流中心、配送中心等作为二级、三级物流节点设施，分别承担跨区域、周边辐射、末端物流组织功能，从而为各类设施功能的引导与建设奠定基础。其次，依据上述功能设施结构关系，做好顶层的应急物流、物资储备、冷链物流等新建或整体迁建的物流设施布局规划，引导其在满足城市需求的前提下尽可能将相关设施集中布局在国家物流枢纽内，相应做好国家物流枢纽相关功能规划和空间预留。

2. 整合区域应急物流设施

随着城市社会功能的不断完善，应急物流能力已经成为现代城市不可或缺的重要功能，特别是近两年围绕应对新冠疫情，城市应急物流体系的重要性进一步凸显。应急物资储备、调拨一般均需要高效率的跨区域、大能力、稳定性强的网络支撑，应急物资的发放需要强大的区域分拨配送能力支持，国家物流枢纽作为干支网络中枢，拥有强大的资源组织能力，理应在城市应急物流体系建设和运行中发挥重要作用。为便于利用好枢纽环境支持城市应急物流功能的实现，载体城市应在应急设施的空间布局和建设上，突出与国家物流枢纽的协同，可将新增的应急物流设施、应急物资储备、国储库、地方储备库等集中布局在国家物流枢纽内或布局在枢纽周边，并推进国家物流枢纽的各项设施的应急功能改造，采取平急结合的运行模式，最大限度实现基础设施的综合利用。

3. 叠加整合冷链物流设施

冷链物流是城市保障居民消费的重要环节，同时也是城市统筹城乡发展、提升现代农业、扩大消费市场的重要手段，随着居民消费升级，城市冷链物流功能重要性不断加强。当前，依托国内强大内需市场和消费升级，我国冷

链物流需求快速增长，也成为行业政策的重要着力点。《“十四五”冷链物流发展规划》出台，明确提出建设“国家骨干冷链物流基地+产销冷链集配中心+两端冷链物流设施”三级冷链物流基础设施网络。从政策层面看，国家明确鼓励国家骨干冷链物流基地与国家物流枢纽一体布局。从实际运行看，将国家骨干冷链物流基地、产销冷链集配中心等冷链物流设施，布局在国家物流枢纽内，能够依托国家物流枢纽网络运行体系更好实现冷链物流网络的塑造，推动国家物流枢纽和冷链物流基地的规模协同扩大和网络融合发展。承载城市应加强枢纽建设与冷链体系建设的统筹，推动国家物流枢纽冷链设施建设，并契合冷链消费的新特点、新趋势，在冷库设施规模集中基础上，配套建设生鲜流通加工库房、中央厨房等设施，提升设施的功能水平。

二、培育壮大枢纽运营主体

国家物流枢纽以整合资源为主要路径开展建设，枢纽的建设运营通常涉及多家企业主体，而枢纽的发展需要形成干支仓配协同和供应链有机衔接的网络化业务运行生态，因此，枢纽需要具备强大资源整合能力的运营主体。按照国家物流枢纽对运营主体的有关要求，枢纽必须形成高度统一的运营主体，以强化枢纽建设、运营的统筹，提高枢纽业务的整体性。面对多数枢纽既有的多主体开展业务、设施所有权分散的现状条件，承载城市应将培育枢纽主体作为推动枢纽建设发展的基础性工作，着力发挥主导作用，营造良好环境，创造企业间合作的协商机制，明确引导方向，加快形成枢纽统一运营主体。

（一）培育运营主体基本要求

在国家物流枢纽各项业务分散、由不同市场主体开展的条件下，围绕形成枢纽特定业务生态，必须形成统一运营主体，牵头开展资源整合、关键业务推进、业务生态构建等工作，这是国家物流枢纽的基本要求。具体而言，枢纽运营主体应具备以下能力：一是区域物流资源整合能力，枢纽运营主体特别是牵头企业应具备整合物流枢纽内各业务资源的综合能力，从而在科学设计枢纽业务生态系统基础上，有效推进业务生态的形成；二是关键网络化物流业务开展或培育能力，国家物流枢纽核心业务是塑造干支配网络，枢纽运营主体必须具备培育网络的能力，通常情况下，枢纽运营主体或是由直接承担通道运输功能的核心企业牵头，或具备协同有关企业开展通道业务的条件，以确保枢纽关键业务的开展；三是一体化组织能力，枢纽运营主体应拥有以物流信息平台为核心手段的枢纽一体化组织条件，一方面有利于内部业务生态的衔接，促进服务产品创新，另一方面也便于与其他国家物流枢纽实现统一化的信息联通，促进通道网络的组网运行。此外，枢纽运营主体还应具备开展国家物流枢纽运行情况监测和数据汇总能力，便于向物流行业主管部门报送信息，并有效组织落实行业发展对枢纽的有关要求。

（二）统一运营主体的形态

载体城市选择培育运营主体的方式，与枢纽既有设施资产、运营结构密切相关，围绕上述枢纽形成统一运营主体的要求，结合枢纽既有运营状况，通常形成单一企业作为枢纽运营主体和多企业协作形成枢纽运营主体两种形态。一是单一企业作为枢纽运营主体，在国家物流枢纽四至范围内设施资产和主要物流业务运营均由一家企业主导的情况下，该主体在存量物流基础设施的建设和物流业务运作中已经积累了较为丰富的经验，具备全面调度资源和创建枢纽业务模式的能力，这类国家物流枢纽运营主体相对明确，即由枢纽建设运营企业作为国家物流枢纽的运营主体。二是多企业协作形成枢纽运营主体，多数国家物流枢纽采取多点选址、整合不同主体资源的方式开展建设，选址范围内各功能区分属不同企业主体，需要进行几家运营主体的多企业统筹，以形成统一运营主体。目前，统筹的方式以枢纽企业联盟形态为主，即明确牵头企业，形成所有企业参与的联盟，共同谋划枢纽业务体系和资源整合相关事宜。多企业统筹合作的方式可以相对灵活，比如在枢纽联盟之外，也可以探索资产合作、成立合资公司等更深层协同的路径，无论何种方式，只要确保枢纽运营中的资源整合渠道顺畅、确保枢纽业务生态的整体性即可。

（三）各类运营主体培育重点

国家物流枢纽运营主体形态不同，其整合资源的特点存在差异，发展中也有着不同的优劣势，需要企业结合自身情况，认识培育发展的重点，也需要承载城市积极加以引导，支持企业培育。

单一型国家物流枢纽运营主体一般为物流基础设施投资运营方，在物流基础设施投资、开发和设施运营方面拥有优势，但通常在物流业务开展方面存在短板，即使单一主体本身也开展物流业务，也不可能把干、支、仓、配等枢纽业务系统全面包揽。因此，在这类枢纽运营主体培育中，应发挥好资源配置主导能力强的优势，结合枢纽业务系统要求，重点增强业务生态构建能力。一是科学引导要素聚集，利用好掌握枢纽资源的条件，做好枢纽业务生态系统设计，精细化管理进驻枢纽的业务企业类型，推动枢纽业务的系统性开发；二是强化枢纽多功能业务的发展，采用引入业务企业或是自身拓展业务的方式，加快补齐业务缺项，培育枢纽干、支、仓、配业务体系。

采用多企业协作形成枢纽联盟开展运营的方式，通常在枢纽空间内已经形成了干、支、仓、配以及供应链服务等多种业务基础，具有基础便利条件，但同时企业联盟在组织上较为松散，在整合资源中面临协调不同主体利益关系等难题，往往容易造成各企业业务间联系不紧密、生态系统构建动力偏弱等问题，需要强化枢纽联盟牵头企业作用，优化联盟企业结构，健全协商机制，引导形成合理的企业间利益关系，促进形成枢纽规模经济和网络经济效应，不同企业均实现高质量经营的良好效果。一是合理确定联盟牵头企业，要让牵头企业在联盟中发挥关键作用，应选择与枢纽整体业务生态构建具有紧密利益关系，并在业务生态构建中具有关键影响力的龙头企业作为牵头企业；二是优化联盟结构，应按照枢纽干、支、仓、配以及供应链业务系统的生态结构，合理选择联盟企业；三是健全联盟协商机制，通过充分沟通，形成合作的共识，并确保不同业务企业在发展中获利，最终以联盟合作协议等方式加以明确，提高发展的协同性。

四、引导枢纽核心业务运营

国家物流枢纽干、支、仓、配以及供应链集成等核心业务运营质量，是体现枢纽建设成败的关键性指标，需要各类企业高度集成区域需求，有效开展各项物流业务，同时也需要承载城市营造良好环境，支持和引导枢纽关键业务的运营。

（一）干线业务运营

干线业务是体现国家物流枢纽集成网络资源开展组织的关键，也是枢纽干支仓配业务体系中关键的牵引业务，是国家构建物流骨干通道网络，打造“通道+枢纽+网络”运行体系的重要内容。无论是国家物流枢纽承载城市还是枢纽运营主体，均应把干线业务的高质量开行，作为枢纽发展的核心任务加以推进。

区位交通条件和功能定位的差异性，决定了不同类型国家物流枢纽干线业务培育方向的不同。陆港型、陆上边境口岸型国家物流枢纽一般地处内陆腹地，应重点发挥铁路、公路运输优势，开展公铁、铁水等多式联运组织形式，扩大面向国内国际的陆路干线物流业务。港口型国家物流枢纽重点发挥港口优势，开展面向国内沿海、沿江及国外港口城市的水运干线物流组织形式，以及扩大港口型国家物流枢纽承载城市物流辐射腹地范围。空港型国家物流枢纽重点发挥航空货运优势，开展面向国内国际枢纽机场的航空干线物流组织形式，提升区域航空物流组织化水平。生产服务型和商贸服务型国家物流枢纽主要依托自身的交通条件，重点开展工业原材料、产成品、消费品等干线物流组织，为生产制造业发展提供原材料保障，为商贸流通业扩大辐射半径提供支撑。

国家物流枢纽干线业务的开展，不是泛泛地形成长距离运输服务业务，而是需要形成具有成本、效率优势和适配组织模式的高质量干线业务。体现在干线产品的经济性、产业服务适配性等方面，既要形成与长距离、大规模特征相适应的经济运输方式，特别是形成以铁路、水运等为核心的通道化运输组织，又要形成具有适应现代产业组织需要的服务，如铁路班列、集装箱班轮、货运班机等的组织形态。这种枢纽干线业务的高质量要求，决定了干线业务的开展是难度较大的一项工作，在企业和载体城市角度均需要精细组织加以推进。

对于经营干线业务的企业而言，高质量的干线业务，尤其是铁路、水路等大能力、经济性干线业务开展，需要基于高度的规模集成，对企业的供需组织能力提出了极高的要求。一方面要克服需求的分散性，高度集成区域内的干线需求，并在需求的基础上，形成相应的高质量干线运输服务产品；另一方面要克服需求的隐形特点，深度分析和预判需求，以适配产业组织特点的高质量服务供给，促成大量潜在需求的显性化，实现供需的有效适配。对于载体城市而言，虽然干线业务是企业市场行为，但是干线业务的方向、干线运营的条件创造，都需要载体城市行业部门进行有效引导和培育。一方面，干线业务开展需要与城市经济联系的主方向适应，特别是在城市新发展格局下，往往需要结合城市发展战略进行判断和调整，这在企业层面通常难以从市场信息中快速获得，需要承载城市加强对通道业务的有效引导；另一方面，干线业务的培育需要形成良好的环境支撑，既需要城市对干线资源的有效引导，促进干线组织的平台化和规模集中，也需要城市对干线业务的培育加大支持，以适应培育过程较长的特点。

（二）支线业务运营

支线业务是相对干线而言的区域辐射业务，与枢纽干线业务形成有机衔接的业务整体，是国家物流枢纽构建干支网络运行体系的重要组成部分。一方面支线业务为国际陆路、国际海运、国际航空货运等大规模干线业务运作进行集货，另一方面将干线规模化运入物流枢纽的货物面向周边地区进行分拨，支撑干线业务规模化运作，提升干线业务的通达度，形成干线与支线业务相互支撑、一体联动的发展局面。支线业务不仅是干线网络集散的重要支撑，支线业务运营质量也是决定干支网络整体成本、效率、质量的重要环节，需要加强引导，突出统筹干支衔接，推进支线业务的规范化、一体化开展。

枢纽运营企业、支线网络直接运营企业等在策划组织和运营支线业务中需要关注两方面发展重点。一是结合多式联运衔接环节优化，加快通过场站的有效改造和业务的一体化组织，提高干支操作的整体效率，提高干支一体化网络的整体成本竞争力。二是依托枢纽规模，针对性集聚专线等资源，加强多种形式的支线网络组织，围绕方向的覆盖、网络的密度、运行的稳定规范做文章，有效培育支线服务产品，以及干支一体化服务产品，真正形成适应产业组织需要的品质化网络服务能力。此外，不同类型国家物流枢纽支线业务组织方式和服务特点存在差异，各地在推进支线业务中，需要结合枢纽类型侧重加以推进。陆港型、陆上边境口岸型、生产服务型、商贸服务型国家物流枢纽等主要依托公路等运输方式，面向周边200公里区域性物流园区、产业集聚区、商贸市场群开展货物分拨组织。空港型国家物流枢纽主要通过公路运输开展周边地区适宜航空运输货物的集散，部分还可以通过支线航线方式开展支线业务组织。港口型国家物流枢纽主要通过公水、铁水、水水中转等方式，面向周边沿海、沿江喂给港和腹地内陆港开展支线业务组织。

（三）配送业务运营

在开展支线业务的同时，对接本地区的制造、商贸等产业组织开展配送服务，是国家物流枢纽业务体系的重要领域，也是直接服务本地生产生活功能的末端功能环节。国家物流枢纽发展配送业务有其不同于一般设施的特点，一方面要突出枢纽集成组织特点，体现配送服务的公共性和规模化发展方向；另一方面要突出枢纽的顶层特征，体现配送服务的顶层网络定位。因此，承载城市和枢纽运营企业在配送业务的培育发展中，应强化两方面的工作。一是注重对顶层配送资源的集聚引导，鼓励将电商、配送、制造业仓配等企业尽量向枢纽范围集聚，以便创造网络协同的环境，同时注重分类，重点引导区域分拨配送顶层功能设施布局发展。二是注重对配送网络的协同组织引导，积极搭建公共化配送平台，鼓励各类配送企业开展共同配送，加快配送业务的网络融合。

在推进配送业务发展中，还应结合不同类型国家物流枢纽特色，有侧重的特色化推进枢纽配送业务发展。港口型、生产服务型等国家物流枢纽，围绕大宗货物的规模化物流运作，突出面向城市生产制造业提供原材料、零部件的配送服务特色，提高生产组织环节配送效率。商贸服务型国家物流枢纽主要服务于区域商贸流通产业，突出整合城市配送、电商物流、快递等各类商贸物流资源，开展城乡配送服务。陆港型国家物流枢纽和空港型国家物流枢纽，兼顾服务城市生产制造和生活消费，面向城市生产制造、临空产业和商贸流通等开展配送业务。

（四）供应链集成业务运营

国家物流枢纽的供应链集成业务，既是枢纽规模化运营的逻辑基础，也是枢纽服务地区产业发展，降低经济运行成本的关键，做好供应链集成业务，对枢纽本身的发展，以及对载体城市用好枢纽营造经济发展环境，均十分重要。枢纽供应链集成业务从直观的业务形态看，仍表现为干、支、仓、配等物流环节业务，但从业务开展的组织逻辑与结构关系，以及服务产品与价值创造内涵上看，均体现了物流与产业融合的新特点。需要枢纽承载城市围绕供需双侧的协同，深入开展物流企业与工贸企业的业务协作引导工作，特别是需求侧的服务外包与转型升级工作，促进枢纽供应链集成业务的发育。同时，也需要国家物流枢纽运营企业积极引进专业的供应链服务企业，支持物流企业利用好枢纽的干、支、仓、配以及关联金融、国际、信用、信息等综合服务条件，开发全面服务产业链条运转的供应链服务产品，推动物流业务的供应服务转型，培育融合发展的物流新业态、新模式。

开展供应链集成业务是各类国家物流枢纽的必备任务，其中，生产服务型、商贸服务型枢纽尤其需要强化特色的制造业供应链和商贸流通供应链业务培育，并突出以供应链业务的培育，走通枢纽整合资源、培育网络的发展路径；其他类型的国家物流枢纽同样需要积极推进制造业、商贸业的供应链集成业务，利用好枢纽干、支、仓、配网络化物流服务条件，培育对接产业链的服务系统，形成有效促进产业转型发展，提升区域产业组织和经济运行水平的良好效果。

五、发展枢纽经济与通道经济

在推进国家物流枢纽布局建设的同时，进一步深化枢纽与区域经济的融合互促关系，突出在枢纽与产业协同发展载体、融合发展模式等领域的加快创新，培育枢纽经济、通道经济发展范式，是枢纽承载城市利用好国家物流枢纽布局建设契机，推进区域经济高质量转型，寻求经济增长新动能，培育区域经济新增长极的关键举措。承载城市应着眼于有效发挥国家物流枢纽带动经济发展功能，统筹推动枢纽发展与区域产业布局空间、枢纽通道网络塑造与产业扩张发展方向、枢纽供应链集成服务与产业组织模式创新等，加快探索形成物流经济发展新范式。

（一）大力发展枢纽经济

承载城市依托国家物流枢纽推动发展枢纽经济，应坚持供给侧结构性改革主线，着重在生态化集聚要素、圈层化塑造经济空间、创新业态模式等方面下大力气推进有关工作，形成统筹供需双侧的城市、区域经济增长的新载体和新路径。一是围绕供需双侧的产业生态系统，广泛聚集要素，营造融合发展环境。具体而言，应根据本地区的产业特色和组织特点，集合枢纽功能类型等，有选择地聚集干、支、仓、配、多式联运、国际物流、电商、快递、供应链服务、物流信息服务等物流资源，一体化集聚物流服务关联的金融、分销代理、商务服务、采购、国际贸易等配套资源，并联动集聚各类地区特色工贸产业资源，形成物流供给体系综合服务生态以及供需适配的枢纽要素发展生态。二是注重引导各类要素空间布局结构，形成圈层化的空间与功能关系，探索国家物流枢纽经济区建设路径。应区分枢纽范围、枢纽周边、枢纽服务区域，分别引导和发展不同的经济功能空间。枢纽内注重布局各类基本物流功能区和专业化产业物流服务功能区；在枢纽周边，应统筹好枢纽和城市产业空间关系，集中布局需要便利化依托枢纽功能开展组织的产业功能区；在全市以及枢纽网络服务的关联空间，应注重密切相关产业与枢纽的功能和业务关系，并形成便利的物流网络联系支撑能力和一体化的运作集成关系。三是推进业态和模式创新，发掘以网络为基础、平台为支撑、服务创新为核心、价值创造为表现形式的枢纽经济发展范式。注重引导物流企业、工贸企业等依托枢纽的要素聚集环境，按照规模、成本、效率的基本关系逻辑，深化供需互动互促，形成物流网络扩张和工贸企业市场辐射空间、产业组织范围扩大相得益彰的规模经济发展模式；注重引导各类企业在规模经济发展中，形成供需间、上下游间的融合业态，把握信息化、智能化等现代技术变革的契机，加快业态变革，推进平台经济、网络经济发展，着力创新服务产品，创造供应链新价值。

同时，载体城市在推进枢纽经济发展中，应注重不同类型枢纽的发展特色，按照《国家物流枢纽布局和建设规划》提出的有关要求，有所侧重地推进枢纽经济发展。陆港型国家物流枢纽发挥陆路多式联运优势，打造以大宗货物集散交易等为特色的物流枢纽经济区。港口型国家物流枢纽发挥港口物流优势，发展以服务大规模临港产业扩张和国际大宗商品集散的临港枢纽经济区。商贸服务型国家物流枢纽重点聚集各类商贸业态，打造集展示交易、流通加工、仓储配送为一体的商贸流通枢纽经济区。生产服务型国家物流枢纽重点为区域生产制造业提供一体化的物流供应链服务，打造制造业供应链枢纽经济区。空港型国家物流枢纽推动航空物流、跨境电商、临空制造等产业集聚，打造国际高端航空物流枢纽经济区。陆上边境口岸型国家物流枢纽充分利用国内国际两个市场，聚集境内外资源要素，打造跨境物流枢纽经济区。

（二）培育壮大通道经济

发展通道经济是承载城市立足本身枢纽经济的壮大发展，依托枢纽所构建的国内国际物流通道，着眼于通道沿线区域产业协同，寻求更大范围组织经济要素，实现多个节点城市共同做强产业链、共同做大产业规模，实现区域协同发展的有效路径。当前，在我国加快构建新发展格局的背景下，推进通道经济发展意义重大，丝绸之路经济带、长江经济带、西部陆海新通道等典型的通道建设和通道经济发展，加速了经济循环效率，为沿线城市经济发展提供了强大的动力。国家物流枢纽作为构建通道网络的关键和开展供应链组织的平台，在推进通道经济中发挥着重要功能，承载城市应利用好枢纽的特殊作用，着力打造战略支点，推进通道经济发展。

承载城市推进通道经济发展，应注重强化国家物流枢纽通道组织和供应链组织的有机结合，深化通道沿线枢纽间物流业务合作与产业合作模式整体创新，引导形成分工合理、市场统一、网络融合、要素协同的通道经济发展范式。推进通道经济的重点涉及以下几个方面。一是强化区域特色发展与产业分工合作战略谋划，以通道沿线的资源禀赋、产业基础等为根本，各载体城市应立足自身特色，统筹通道沿线产业链条关系，谋划互为产业链环节配套、共用区域市场空间的产业规模化发展路径，塑造通道经济发展的逻辑基础；二是提升通道组织水平和服务质量，强化国家物流枢纽的通道组织能力，推进物流通道组织创新，降低通道运行成本、提高运行效率，增强通道服务产品与有关产业组织需求的适配性，夯实通道经济发展基础；三是提高通道沿线国家物流枢纽间业务协作水平，围绕通道沿线供应链整体组织的优化，加强枢纽间管理、技术、标准、政策等协同，支持网络型企业、供应链企业的通道沿线多点布局和业务一体组织。

第五章　科学支持和引导枢纽发展

国家物流枢纽在承载城市的建设推进，既需要整合区域物流资源，又需要联动区域产业发展资源；既需要开展工程建设类工作，也需要引导市场主体运营，是一项涉及城市物流、交通、产业发展多领域的系统性工作。为加快国家物流枢纽布局建设步伐，推动枢纽高质量发展，载体城市需围绕各项发展任务的有效落地，重点在发展规划、要素配置、配套政策等方面深入开展工作，积极支持和有效引导国家物流枢纽发展。

一、加强规划引导与协调

以规划方式先行谋划好枢纽在载体城市的发展空间、基本定位、功能方向、业务体系等，符合国家物流枢纽发展系统性要求，有助于统筹城市和区域内多种资源，引导枢纽健康发展，国家物流枢纽承载城市应首先在规划领域推动开展有关工作，强化对枢纽发展的系统支撑。

（一）推进规划先行

先期以规划方式对国家物流枢纽发展进行有效的整体统筹，是承载城市科学引导枢纽发展，并保障各项资源配置的合理方式。承载城市开展国家物流枢纽有关规划的方式较为灵活，可以通过在城市物流发展五年规划、中长期规划中，对国家物流枢纽进行科学规划，也可以直接就国家物流枢纽发展，开展相关规划或编制有关方案，还可以从国家物流枢纽与城市经济发展的统筹维度，开展枢纽经济示范区规划等。同时，企业层面也可以对国家物流枢纽的发展，开展涉及具体建设、运营的有关发展策划。通过枢纽相关规划、方案、策划的开展，总体上需要达到两个目的，一方面，对枢纽发展战略思路、总体布局、功能构成、运营体系、发展路径、政策体系进行总体设计，确保枢纽发展的系统性和科学性；另一方面，形成有关政策文件，更有依据地推进枢纽发展，并确保国家物流枢纽的要素保障、空间稳定和可持续发展。

（二）加强规划协同

全面整合物流行业内资源、整合物流与经济要素是国家物流枢纽发展的重要特征，而不同的要素资源可能属于不同的行业部门管理范畴，为加强规划的可行性和系统性，承载城市在开展国家物流枢纽发展有关规划和方案时，必须高度突出规划协同的特点。一是载体城市国家物流枢纽有关发展规划应密切与交通发展规划的协同。国家物流枢纽的布局，必须与交通通道的格局、区域交通网络的结构形成适配，以保证枢纽干支网络的有效组织；国家物流枢纽的空间，往往需要与铁路、航空等不同场站主体进行有效对接和统筹，必然需要在规划层面进行统筹明确；载体城市顶层枢纽网络的唯一性或集中性要求，还需要枢纽与不同交通领域的场站数量、规模、定位进行有机统筹，形成一致的层级关系，这些都要求城市政府进行有效统筹，在规划层面就实现枢纽谋划的系统性。二是载体城市国家物流枢纽有关规划应密切与城市产业规划的协同。首先，在发展战略方向上，国家物流枢纽的有关功能和重大物流项目设计应与城市发展重点产业的选择形成互动，这是利用枢纽网络环境发展城市主导产业，以及城市产业发展需要枢纽功能配套的双向要求；其次，在空间布局上，枢纽的空间布局应与产业集中布局空间形成有机对接，以实现就近服务的便利条件，并促进形成枢纽经济发展承载空间；最后，在能力规模上，枢纽内的公共化、集成性产业物流服务能力，应与分散在有关产业功能区的物流设施形成能力和功能的关系协调，在规划层面合理引导工贸企业进行物流的外包，促进形成供应链集成创新发展环境。三是载体城市国家物流枢纽有关规划应与城市功能其他规划的有机协同，如城市应急体系规划、储备发展规划等，以便利用好枢纽的网络运行环境推动有关城市功能的高效实现，也有利于集聚资源，促进枢纽物流的规模化运作。

二、合理资源配置支撑

国家物流枢纽建设规模大、整合要素多，载体城市应在土地、资金、管理等各类资源投入上，加大对枢纽的政策支持力度，确保枢纽发展的要素条件充分。

（一）合理配置土地资源

载体城市在保障国家物流枢纽用地方面，应统筹考虑三个方面的要求。一是保障枢纽用地规模。国家物流枢纽承载区域物流集中组织和操作功能，通常需要较大的发展空间。国家物流枢纽有关技术标准明确提出占地面积不少于0.5平方公里，这一空间占地标准是考虑特殊情况下的枢纽占地规模下限，实践中大多国家物流枢纽的占地规模远超这一规模。由于用地规模大，载体城市应在土地要素上，强化政策保障，确保国家物流枢纽用地需要。二是降低枢纽用地成本。于城市而言，物流枢纽发展的核心意义在于改善区域经济发展环境，并集中体现为经济运行物流成本效率的优化。枢纽用地的成本，直接关系枢纽的经营模式和投资回报方式，最终体现到物流企业运营成本和物流服务成本中，因此，从枢纽营造公共化的发展环境特征出发，保障物流枢纽的低成本用地十分必要。三是确保枢纽用地的稳定性。国家物流枢纽的布局发展，对城市物流系统的空间结构、运行组织、功能构成均具有深远的影响，一旦进行空间布局的调整，将形成对城市物流的系统性冲击，应在枢纽布局建设的初期就进行长远谋划，保障空间和功能的稳定性，杜绝随城市功能调整、城市物流重要设施不断变化的现象。

（二）加大建设资金支持

国家物流枢纽的发展涉及各类项目的建设，对于以存量整合为主的枢纽，资金投入规模总体压力不大，但对于发展相对滞后、以增量建设为主的枢纽，建设资金投入压力则较大。枢纽的运营特征决定，物流枢纽设施本身投入较大，但直接收益回报水平并不高，为保障枢纽的建设推进、稳定经营、低成本运行，应注重形成对枢纽投融资的有效政策支持。在支持的方式上，一方面，应积极利用好国家有关重大基础设施建设的资金支持政策和金融优惠政策；另一方面，各地可灵活采用资金配套、有关投资平台积极进入、协调提供融资便利等各种方式，支持国家物流枢纽的建设投融资，推动枢纽加快建设。

（三）积极配套管理资源

在国家物流枢纽运行中，围绕各项物流业务和供应链服务功能的集中，必然涉及各种行业管理的服务和监管配套，承载城市应在管理和服务资源上为国家物流枢纽营造良好的运营环境。在行业管理窗口上，应注重有效推进集中服务支持，如在海关监管区、查验功能区、各运输行业管理窗口等方面，地方政府应积极协调，支持在枢纽内集中开展服务。在行业信息服务方面，应强化对枢纽的行业管理信息服务接口建设，如推进应急平台管理、行业资质查询、信用查询等的信息联通支持，既为载体城市行业部门掌握枢纽信息和要素资源信息提供支撑，也为枢纽的业务运营提供行业管理数据、信息支撑。在枢纽服务的拓展方面，应根据枢纽业务功能延伸需要，积极协调金融、结算等各有关企业和服务功能的嵌入发展。

三、精准营造政策环境

对国家物流枢纽发展的支持，不仅体现为各项要素投入的支持，更重要的是对枢纽聚集要素、开展业务运营的有效支撑，需要载体城市突出针对性和专业性，谋划相关支持枢纽发展的环境政策。

（一）营造支持枢纽聚集市场要素政策环境

各类资源要素聚集是国家物流枢纽发展的首要条件，资源聚集的过程遵循市场规律，政策在其中发挥重要的环境营造功能，载体城市应发挥政策引导能力，切实引导要素科学布局，促进各类企业聚集。首先，应加强政策创新，提高引导能力。探索以提高要素枢纽布局的支持力度、完善枢纽业务体系设计、开展枢纽供应链方案招商等各类方式，支持和引导物流企业入驻国家物流枢纽，加快形成枢纽要素聚集效应和运营规模经济。其次，应加强分类施策，提高引导质量。明确城市特色物流体系中顶层的干线服务、顶层的供应链集成服务企业等资源；优先向国家物流枢纽聚集的引导要求，区分不同类型企业在城市不同设施空间布局的合理性，差异化给予优惠政策，促进要素布局的结构、功能合理性。

（二）营造支持枢纽关键业务发展政策环境

支持国家物流枢纽开展高质量的通道网络运营业务，是实质性推动枢纽发展的关键和难点，需要载体城市政府与枢纽核心业务运营企业形成良好的协作关系，准确把握网络业务的市场条件和发展趋势，合理推动枢纽关键业务的开展。铁路班列、航空班机、集装箱班轮等高质量的枢纽通道业务开行，需要在供给和需求两端形成规模化的适配关系，逐步吸引需求、稳步扩大供给，看似正常和有序的通道业务发展路径，实际上往往需要付出巨大的培育成本。要看到，没有高质量的通道化产品供给，也就不能转化和生成潜在的分散需求，在通道化产品培育的过程中，往往需要在供给、需求之间基于精准的判断，以供给先行的方式，开展市场培育。这一过程中，先期投入通道运营的企业，面临培育需求的经营资金压力，也面临培育期长短不确定性的风险，需要载体城市政府针对枢纽的通道化业务提供有效的支撑，以加速枢纽通道网络环境的形成。此外，在枢纽的供应链集成业务方面，载体城市应加快搭建制造业、商贸业与物流企业开展业务对接的平台，引导物流企业为区域内工贸企业提供具有降本增效的供应链集成组织方案，并谋划鼓励工贸企业物流外包和创新发展业态模式的有关政策，加快枢纽供应链物流业务的发展。

第六章　国家物流枢纽布局建设案例

国家物流枢纽布局承载城市具有不同的区位特征、交通条件、经济体量、资源禀赋等基础，在推进枢纽的布局建设发展中，各地结合自身发展特色，形成了不同思路和特色路径。本章选取部分枢纽承载城市，结合其发展国家物流枢纽的主要特点，进行简要的案例分析，为承载城市布局建设枢纽提供借鉴。

一、贵阳国家物流枢纽布局建设

根据《国家物流枢纽布局和建设规划》，贵阳市被确定为陆港型、空港型、生产服务型和商贸服务型四种类型国家物流枢纽的承载城市。贵阳市为我国西南地区的省会城市，在区域发展中承载着带动大西南地区经济规模扩大、产业转型，引领区域融入构建新发展格局的重大发展使命。以落实上述城市发展的战略性定位为核心，贵阳国家物流枢纽布局建设的推进中，在枢纽空间布局、枢纽分工协作、供需双侧协同等方面，突出体现大城市多枢纽发展特点，并通过城市物流五年发展规划等方式予以明确。

（一）统筹多枢纽布局，拉开城市发展空间

贵阳市围绕支持城市功能区的优化布局，加强四大国家物流枢纽的布局谋划，在不同的城市发展空间上，为有关功能区的产业运行和人口消费等提供有效就近服务，并引导城市产业发展要素进一步差异化布局，拉开城市发展空间。实际上，赋予一个承载城市多个类型国家物流枢纽布局建设条件，目的就在于支持具有较大规模人口、经济体量的大型城市，使其在发展中满足多个方向的规模化物流运作和组织需要，同时，多类型国家物流枢纽的建

设条件，也赋予了大城市用好枢纽发展空间，拉开城市发展空间，支持产业和人口布局的条件。贵阳市对国家物流枢纽的布局，充分体现作为西南地区的省会城市，围绕打造战略性区域经济中心城市，在物流空间布局上的积极谋划。

结合贵阳市“北统筹、中提升、南协同”城市空间发展战略，贵阳市规划“一核两翼主枢纽”空间格局。其中，“一核”位于贵阳市的东南方向，依托贵阳市改貌现代物流园片区、双龙航空港经济区等物流产业集中区，加快布局建设贵阳陆港型、空港型国家物流枢纽，打造改貌—双龙国家物流枢纽引领发展核心区。“两翼”分别位于贵阳的西南和北部区域：一是谋划整合贵阳都拉营国际陆海通物流港等存量设施，联动北部制造业等产业基地，加快供应链集成嵌入，布局建设贵阳生产服务型国家物流枢纽，培育发展城市北翼大能力综合物流枢纽和供应链组织中心；二是谋划整合清镇市国家级示范物流园、贵安新区湖潮铁路货运基地等节点设施，强化流通、贸易资源要素聚集和产业链拓展能力，布局建设贵阳商贸服务型国家物流枢纽，打造城市西翼高品质综合物流枢纽。

（二）强化枢纽功能分工，塑造城市物流体系

贵阳市推进四大国家物流枢纽发展，在拉开城市发展空间的同时，注重枢纽功能特色差异和枢纽间互为供需集成支撑关系的设计，谋划以国家物流枢纽为牵引，打造物流运行整体性强的城市现代物流体系。贵阳四大国家物流枢纽，每一个枢纽的功能都具有综合性，但突出围绕网络组织、供应链组织等不同角度，开展面向区域的资源整合。以产业供应链集成为导向的枢纽与以网络、运输组织为导向的枢纽，将以供需适配为核心形成互促良性循环格局。陆港型、空港型国家物流枢纽，为生产服务型、商贸服务型国家物流枢纽提供基于规模网络效率的干支服务，营造良好的低成本、高效率物流辐射环境，支持供应链组织规模扩张；生产服务型、商贸服务型国家物流枢纽，为陆港型、空港型国家物流枢纽提供规模化和有组织的服务需求资源，共同形成差异化互为支撑的物流运行系统。

突出陆港型、空港型国家物流枢纽干支网络组织平台功能。以干支网络的合理化组织为核心，整合区域内的铁路、航空等关键干线网络资源，构建干支网络的核心平台。从贵阳的运输结构看，铁路是贵阳承载能力最大的核

心对外联系运输通道，陆港型国家物流枢纽以整合铁路干线对接公路支线资源为核心整合方向。考虑到在贵阳生产服务型、商贸服务型国家物流枢纽运行中，铁路运输干支网络组织同样存在，并且也是其重要功能，就必须理顺网络组织层面的枢纽整合运行关系。着眼于提高全市物流网络组织系统效率，贵阳市谋划以陆港型国家物流枢纽为基础，与其他具备铁路运输服务功能的枢纽密切协同合作，统筹打造铁路干线网络组织平台，整合城市铁路运输需求，统一对接国家铁路供给，系统提高陆上干支网络整体组织水平。贵阳空港型国家物流枢纽以打造服务全市、服务区域的航空物流平台为重要功能特色，培育航空干线网络，集成区域航空服务需求，对贵阳其他国家物流枢纽航空运输需求形成运作组织整合。

突出生产服务型、商贸服务型国家物流枢纽供应链组织平台功能。贵阳生产服务型国家物流枢纽以制造业供应链组织为核心，加快整合全市相关物流服务资源，构建大宗、生产供应链运作组织平台。商贸服务型国家物流枢纽以贸易物流组织为核心，加快整合全市主要商贸渠道和配套物流资源，推动建设商贸物流组织平台。需要看到，无论是生产服务型，还是商贸服务型国家物流枢纽，其平台的搭建都是全市性的，而非服务局部空间和服务局部产业聚集区。鉴于此，贵阳市注重多枢纽在供应链角度形成协同关系，谋划推进以生产服务型、商贸服务型国家物流枢纽的供应链平台为基础，打造全市统筹和高效对接运作的供应链服务平台。

（三）聚焦枢纽功能发挥，推进建设运营任务

贵阳市围绕国家物流枢纽顶层组织功能实现，重点聚焦枢纽运营主体培育、设施能力补短板、业务运行系统优化等方面，加快推进枢纽建设运营任务。

注重枢纽运营主体的培育，贵阳市高度重视四类国家物流枢纽的运营主体整合，积极搭建协商平台，按照有利于统筹枢纽业务开展，培育枢纽运营主体。其中，已经纳入国家物流枢纽建设名单的贵阳陆港型国家物流枢纽，由改貌片区和传化公路港片区构成，运营主体以贵州省物资现代物流集团为主导，联合成都局改貌货运中心、贵阳铁路建设投资有限公司、贵阳传化公路港物流有限公司以及有关业务关联企业组成战略联盟，形成陆港型国家物流枢纽建设运营全过程和全链条的组织能力，同时积极引导口岸和贸易企业

加入联盟，为贵阳铁路口岸建设和运营做好业务储备。其他类型枢纽的主体整合培育，在充分考虑枢纽既有资源的资产关系、运营关系等基础上，科学谋划形成有利于干支配协同的枢纽主体，并鼓励不同类型国家物流枢纽之间开展更深层次战略合作。

注重枢纽设施能力建设，贵阳市积极依托国家物流枢纽谋划项目建设。一方面，注重补齐枢纽设施的功能短板，聚焦多式联运、国际功能等的提升，补齐铁路专用线、公铁和陆空联运转运设施与场站等基础设施短板，加快铁路口岸、航空口岸、国际物流功能设施等建设；另一方面，着力引导增量要素加快围绕国家物流枢纽聚集，鼓励具有顶层网络服务特征和供应链集成特征的物流企业、供应链企业依托枢纽进行发展。

鼓励枢纽干、支、仓、配等网络业务和供应链业务发展。培育国际通道业务，面向欧洲、中亚、西亚陆路通道方向，以改貌铁路口岸为组织中枢，联动湖潮口岸作业区，密切与成都、重庆等城市中欧班列合作，开行贵阳中欧班列。面向东盟、北美、欧洲海上通道方向，高质量开行重庆—贵阳—北部湾班列，稳定对接国际海上航线。面向北美、欧洲、东南亚的空中通道方向，构筑联通全球的航空物流网络。发展国内通道业务，以服务贵州省面向国内大循环的消费产品供给、产业承接和产业分工为导向，优化贵阳物流国内干线业务。形成北接成渝、西连滇中、东南向海，沟通粤港澳大湾区、北部湾、长三角、滇中城市群等经济圈的综合立体国内干线物流通道。完善支线和配送网络业务，以贵阳各类国家物流枢纽为关键载体和组织平台，强化支线网络与骨干通道网络的有效对接，形成干支规模互促、网络合理分层的运输服务模式。发挥贵阳的全省地理中心位置特点，以200公里左右的经济合理分拨半径，构建贵阳对全省主要城市的辐射分拨支线网，围绕黔中城市群、贵阳都市圈，加强贵阳联系周边县市的区域网络运营水平。特色化培育供应链集成业务，依托贵阳陆港型国家物流枢纽，突出服务贵阳经开区装备制造、汽车、工程机械等产业供应链；依托贵阳空港型国家物流枢纽，集中服务中高端消费品制造业、电子信息等产业供应链；依托贵阳生产服务型国家物流枢纽，强化服务出口加工、北部铝精深加工、特色食品加工等产业供应链，发挥不同枢纽特色，打造枢纽供应链物流服务体系，提供覆盖全产业链的物流服务。

（四）发掘枢纽带动功效，培育特色枢纽经济

贵阳市充分利用国家物流枢纽建设契机，突出“一带一路”倡议及西部陆海新通道等关联性重大战略方向，构建贵阳特色的“通道+枢纽+网络”结构，加速要素集聚和整合，营造贵阳经济产业发展的比较优势环境。统筹供需双侧的产业高质量发展方向和枢纽服务支撑性建设，创新物流与产业融合发展业态。

（1）契合重大战略推动枢纽组网，夯实贵阳特色枢纽经济发展基础。加快贵阳特色大数据产业赋能，提升贵阳枢纽开展一体运作、网络经营、专业服务的能力。突出利用铁路干线条件，强化与北部湾国际港务集团、珠海港集团、成都铁路局以及贵阳机场集团等形成战略合作，把握“一带一路”倡议、粤港澳大湾区，以及西部陆海新通道等实施机遇，围绕特色产业发展方向要求，有针对性地加快依托贵阳枢纽实现国家骨干物流通道组网进程，打造依托多式联运出海、出境大通道，扩大通道网络业务规模和辐射范围，发掘贵阳产业发展的比较优势，夯实贵阳特色枢纽经济发展基础。

（2）强化通道和区域要素集聚整合，打造产业组织策源中心。依托贵阳枢纽物流通道与网络的构建，优化贵阳物流发展政策环境，以枢纽开行黔深欧、黔新欧、陆海新通道班列等为契机，促进沿重大通道商流、物流、信息流、资金流等要素集聚整合。厘清重大战略通道与网络为贵阳带来的产业布局发展比较优势特色，深化跨区域经济发展协作，按照合理的产业链组织上下游关系和层级结构，推动在沿线形成基于物流供应链服务和产业链联系支撑的区域经济产业合作系统，引领重构区域产业布局，加快产业沿通道布局和进行双向辐射，扩大内陆地区经济发展纵深和西部沿海港口内陆腹地，培育沿通道合理布局的产业集群，打造贵阳枢纽产业组织策源中心。

（3）加速枢纽服务与主导产业融合，培育扩张发展产业集群。强化贵阳枢纽形成的产业布局毗邻发展比较优势，发挥枢纽通道、网络、平台的辐射与扩张效应，支持培育发展产业集群。推动贵阳枢纽物流供应链集成服务嵌入贵阳南部现代制造业实体经济带和国家经济技术开发区、空港经济区等产业链条，加快现代物流、信息技术、现代金融等服务业与相关制造业融合发展，推动区域内装备制造、烟草制品、新医药大健康等制造业高质量发展，形成现代物流与产业互促联动、融合发展新格局，提升供应链，延伸产业链，创造价值链，增强对实体经济的支撑和促进，打造烟草制造、装备制造、汽车及零部件、电子信息、新医药大健康等千亿产业集群。

（4）提高枢纽支持特色农业发展水平，建设国家扶贫攻坚引领发展示范区。发挥贵阳农产品资源集聚和建设全国重要“菜篮子”生产基地的优势，结合“黔酒”“黔茶”“黔药”“黔银”“黔绣”“黔珍”“黔菜”“黔艺”“黔织”“黔景”“黔节”等系列产业品牌打造，强化贵阳枢纽对农产品的辐射支撑和综合服务支撑能力，完善集农产品交易、仓储、区域分拨配送、流通加工、专业冷链服务、电子商务等综合服务功能，打造线上线下融合的农产品物流供应链产业生态，加快第一、第二、第三产业融合，落实推进“黔货出山”“海货入黔”等发展策略，引领国家扶贫攻坚高品质发展。

二、衡阳国家物流枢纽布局建设

湖南省衡阳市位于我国中部地区，为我国南北经济大动脉京广铁路线上的重要城市，作为湘桂铁路起点和京广与湘桂铁路衔接载体城市，衡阳历来是我国广西、云南等省份与中原、东南沿海交流的重要转运节点，在国家区域经济战略版图中，承接东南、串接中部、转接西南，具有十分重要的区位战略地位。伴随当前我国内外需求结构变革、产业组织网络化等发展新特征，衡阳的区位战略价值已经得到了新的体现，在国家经济空间布局调整中逐步发挥重要作用。

（一）基本情况

1.形成功能互补的枢纽片区布局

衡阳陆港型国家物流枢纽采用分布式布局方式，由存量设施红光物流园、衡缘物流园现有空间为基础，重点在文家坪区域拓展发展空间。以红光物流园为基础的A片区，具备专用线接入南北向辐射的京广铁路现状条件，以衡缘物流园为基础的B片区，具备铁路专用线接入西南向辐射的湘桂铁路现状条件，支持铁路干线运输组织开展。两片区周边的高速公路、国道等高等级公路网络发达，适宜以“铁路干线+公路区域网络”为特色的陆港型国家物流枢纽核心功能便捷实现。

枢纽布局依托的两大存量物流园区，均为国家级优秀物流园区、交通运输部“十三五”货运枢纽（物流园区）建设项目，获得车购税资金支持共9000万元。园区内已完成了包括铁路专用线、公铁联运场站、国际铁路口岸，以及各类仓库、冷库、堆场等专业物流服务设施在内的大量基础设施工程建设，存量设施的累计投资规模已超过35.6亿元。

两片区已经形成了对物流要素的较高程度聚集，物流业务量规模大。2020年枢纽两片区完成物流量约1240万吨，其中，关键的干线铁路运输到发组织规模合计约360万吨，约占衡阳市铁路运输总规模的50%，并且规模化的干线集成效应已经初步显现，铁路班列组织、国际海铁联运组织、中欧国际班列组织均已经依托枢纽形成良好的服务发展态势。

（1）A片区。位于衡阳市东南部区域，白沙绿岛军民融合产业示范园区内，四至边界为湘江以南、绿岛大道以北、蒸湘南路以东、107国道以西。该片区距衡阳城市中心约10公里，临接京广铁路正线，并有铁路专用线接入园区，紧邻文家坪港区后方，距南岳机场约5公里，周边交通网络包括107国道、泉南高速、衡云干线等。该片区总占地规模2993亩，包括存量设施红光物流园，已由湖南红光物流有限公司完成开发，并长期运营。该片区为衡阳陆港型国家物流枢纽后续主要拓展发展空间，为保障枢纽未来发展，衡阳国土规划已在枢纽周边预留1500亩枢纽扩展发展物流用地。

（2）B片区。位于衡阳市东部的祁东县域范围内，四至边界为北至圣云大道、东至黄星路、西至农富路、南至新安路。该片区紧邻湘桂铁路正线，有铁路专用线连接园区，距祁东县火车站500米，距泉南高速祁东连接线、322国道等均在2公里范围内。B片区总占地规模2400亩，均为存量设施，由湖南省衡缘物流有限公司完成开发投入运营。

衡阳枢纽两片区互补关系合理。一是辐射方向互补，A片区以专用线接入南北向辐射的京广铁路，B片区以铁路专用线接入西南向辐射的湘桂铁路，两片区在干线业务辐射方向上具有鲜明分工特点，统筹两片区建设国家物流枢纽，有利于形成方向互补和整合。二是国际功能、支线服务功能互补，A片区内铁路口岸物流设施已经建成，B片区缺乏国际物流服务设施支持，两片区统筹运营，有利于国际物流服务资源在枢纽中的整体共享；B片区的核心企业湖南省衡缘物流有限公司，在公路网络中具备较强整合能力，并已经取得公路网络货运资质，两片区统筹运营，可加速区域网络的共用，支持A片区快速获得高水平区域辐射网络支持，加速枢纽干支服务体系的形成。因此，采用分布式布局，将二者统一纳入国家物流枢纽，进行一体化、平台化运作整合，既有利于充分利用现有存量设施，节约枢纽建设投资；也有利于统筹不同方向干线运作资源，加速规模组织环境营造；还有利于国家物流枢纽干支网络功能、国际服务功能的互补整合发展。

2.枢纽助力城市打造中部支点的定位

（1）融入构建新发展格局的战略支点。枢纽围绕支撑衡阳及周边地区融入构建新发展格局的战略使命，高度聚集区域物流服务资源，依托京广、湘桂等铁路干线和湘江对接长江黄金水道等优越条件，提高枢纽国内国际物流大通道规模化运营组织水平，构建以铁路为核心，连接国内重要经济区的物流大通道；延伸对接珠三角、长三角沿海港口，密切国际物流功能对接，打造海铁联运、江海联运、铁路国际联运通道；强化枢纽辐射周边200公里区域物流支线网络服务能力，增强服务区域发展效能，把衡阳陆港型国家物流枢纽打造成为带动湘南、粤北、赣西、桂东等区域融入大循环、双循环的战略支点。

（2）促进中部地区高质量发展重要枢纽。立足衡阳枢纽2000万人口的直接辐射经济区域发展需求，发挥衡阳京广南北通道和湘桂东西通道交叉点区位优势，优化枢纽通道联系方向、提高通道衔接能力，向东南对接粤港澳大湾区战略、向北联系长江经济带、向西对接西部陆海新通道战略，强化衡阳陆港型国家物流枢纽在促进南北经济交流与东西经济能量交互中的组织作用，打造衔接周边多重战略，支撑中部崛起和高质量发展战略实施的重要驱动枢纽。

（3）区域枢纽经济创新发展示范区。发挥衡阳传统制造业优势，以衡阳陆港型国家物流枢纽所构建的联通国内国际物流骨干通道网络和辐射周边市场分拨配送网络条件为支撑，以服务内需市场为动力，承接粤港澳大湾区产业转移为特色路径，着力提升枢纽供应链集成服务功能，营造周边枢纽经济集聚发展环境，创新平台化的经济产业规模扩张发展路径，把衡阳陆港型国家物流枢纽打造成为区域供应链组织中心和经济增长极。

3.系统推进枢纽创新开发建设

（1）枢纽开发总体模式。

考虑到国家物流枢纽承载顶层物流功能要求、牵引城市物流体系整体优化，并形成与城市和区域产业的互动等发展特征要求，以及投资规模较大、公共服务性强、运作一体化等建设和运营特征要求，衡阳市确立“政府规划、企业主导”的衡阳陆港型国家物流枢纽开发总体模式。以政府规划为核心，形成城市物流体系、城市物流与产业系统的整体协调，保障国家物流枢纽的定位、功能符合有关要求；以企业为主导，形成合理的开发、运营环节企业协作结构，充分发挥市场机制作用，加速枢纽建设，提高经营水平。

（2）城市规划系统推进。

着眼城市物流体系，优化国家物流枢纽规划。按照《国家物流枢纽布局和建设规划》提出的结合国家物流枢纽调整城市物流规划的有关要求，衡阳市已经形成以国家物流枢纽布局建设为核心牵引的城市物流中长期发展规划。通过将国家物流枢纽置于承载城市物流体系中进行整体规划，形成城市物流公共服务与专业服务、顶层组织与层级组织互动的合理物流功能架构，确保国家物流枢纽全面、有效整合城市物流资源，形成规模运作能力，既有效提升城市物流体系整体水平，又有效实现国家对枢纽提出的定位与功能要求。

城市规划多规合一，保障枢纽建设进程。在多规合一的框架下，衡阳市将结合城市物流规划特别是国家物流枢纽有关规划，进一步调整城市的综合交通规划、产业功能区规划及国土等规划，确保国家物流枢纽以及枢纽牵引下的物流体系与城市功能有效匹配，引导经济要素围绕枢纽集聚，在更好发挥枢纽的产业发展带动作用的同时，确保枢纽在运行中有效构建区域产业组织中心地位。

（3）企业主导开发建设。

突出枢纽公共服务属性，以政府投资平台企业为核心，推动基础性开发建设。基于国家物流枢纽的公共服务属性，为推动增量部分的快速开发建设，并保障有关功能和设施符合国家物流枢纽要求，衡阳市充分借鉴德国等国家的物流园区开发建设模式，确定由政府投资平台企业——衡阳市城投集团，成立“衡阳陆港枢纽建设投资有限公司”，负责衡阳陆港型国家物流枢纽新增土地征收、七通一平等一级开发。其后，该公司既可以与各类枢纽业务经营主体协商，按照具体业务要求，完成物流设施建设和设施租赁经营，也可以熟地形式投入，由入驻的物流和供应链企业租赁土地开展建设和经营。

强化建设和运营的整体安排，科学合理确定枢纽相关主体间关系。确定由衡阳市目前开展铁路运输及联运组织的两家主要企业——湖南省衡缘物流有限公司、湖南红光物流有限公司主导，以市场化方式，开展枢纽的物流业务整合。在此基础上，以两家运营企业与枢纽建设主体的母公司衡阳市城投集团合作，成立三家合资的枢纽运营主体——湖南衡洲陆港物流经营有限公司，负责枢纽整体运营，以及涉及一体化运营的有关设施，如枢纽公共信息平台等的建设。枢纽运营主体、建设主体等加强协调，统筹枢纽建设、枢纽运营的有序对接。2019年，建设和运营主体间已经签订整体合作协议，下一步将细化推进。

（4）推进枢纽开发建设模式创新。

规划约束与环境创造。强化规划约束性，确保枢纽功能、运行符合国家要求。开展规划统筹，确保国家物流枢纽在城市物流系统层面，有效整合分散物流资源；在城市经济发展战略层面，有效对接产业发展，为国家物流枢纽的发展提供路径保障。

政府投资平台企业参与。对应国家物流枢纽增量部分具有一定的投资规模要求，以政府投资平台企业的参与，强化建设主体融资能力，确保国家物流枢纽设施，特别是具有公共服务特征的铁路专用线、园区道路等设施的落地建设，带动各类资本投入枢纽建设，缩短枢纽建设周期，尽快发挥枢纽在区域经济发展中的基础性、战略性、先导性带动作用。

主要物流企业主导运营。以占城市铁路干线物流组织业务比重超过50%的两家民营物流企业主导运营，确保国家物流枢纽实现对存量业务的整合，快速实现经营规模基础。同时，确保以市场化方式推动枢纽经营发展，充分发挥市场机制作用，实现以效益、效率为导向的高质量发展。

4. 构建完善的枢纽业务体系

（1）枢纽干线运输业务开展。

整合干线开行主体。在现有红光物流、衡缘物流铁路干线运输开行基础上，由新成立的衡阳陆港型国家物流枢纽运营有限公司，按照平台化的运行方式，整合两家主要企业的需求资源与运作设施资源，统一对接铁路运输主体，统筹开展铁路干线运输组织。中远期，依托公铁水联运功能区建设以及铁路专用线延伸至港区，加强与航运物流企业合作，吸纳主要航运企业作为国家物流枢纽运营企业的参股主体，形成“铁路+航运”干线运输的聚集与统筹。

优化干线组织模式。充分利用统一平台形成的干线需求规模组织条件，加强互联网、大数据、云计算、移动互联、物联网、人工智能等技术在干线运输领域的应用，创新信息化技术应用对分散、小批量运输服务需求的干线运输服务集成模式，重点提高点对点铁路班列、航运班轮开行模式比例，推进“钟摆式”等铁路运输组织等，提升衡阳陆港型国家物流枢纽铁路、水路等关键干线运输开行能力和服务品质，扩大干线运输服务规模，优化国家物流枢纽的运输结构，降低运输服务成本。

高质量开行国内干线业务。近期，在京广铁路、湘桂铁路等重点方向上开展铁路中长期协议运输，加强衡阳陆港型国家物流枢纽与沿线主要国家物流枢纽间协作，积极开行点对点班列运输。远期，加快推进内河水运通道运输组织。一是加快提升发展京广铁路沿线方向班列，率先对接粤港澳大湾区，在与广州铁路班列开行基础上，拓展与深圳等地国家物流枢纽间合作开行点对点铁路班列运输业务；后期在京广沿线武汉、长沙、衡阳、广州等国家物流枢纽多点间开行“钟摆式”铁路货运专线、集装箱快运班列，推动铁路货运的客运化运行，提高运输的稳定性和准时性。二是推进发展湘桂铁路方向班列，在与田东铁路班列运行基础上，拓展与湘桂铁路通道方向柳州、南宁、钦北防等国家物流枢纽协作，加快培育班列运输产品，拓展衡阳参与西部陆海新通道的干线运输服务功能。三是有序推进湘江对接长江水运发展。结合文家坪港口作业区的建设，逐步推进衡阳内河水运发展，着力对接岳阳、武汉，并延伸至长江沿线港口，形成水上集装箱班轮物流通道服务体系。

（2）枢纽支线网络业务开展。

推动信息集成与规模组织。在国家物流枢纽综合信息平台基础上，由国家物流枢纽运营公司开展组织，发挥湖南省衡缘物流有限公司无车承运人平台作用，加强与国内重要公路平台企业合作，建设国家枢纽公路运输交易平台，开放性聚集社会公路运输运力供给资源信息，以及衡阳市及周边城市各类运输服务需求信息，针对分散公路运输，创造供需匹配的信用、资金、信息交易环境条件，积极整合枢纽内和区域内各类公路物流设施资源，形成整车运输在不同方向上的标准运输单元快速集成、分解操作能力，提高供需信息规模化聚集、标准运输单元生成能力，提升以国家物流枢纽为平台组织核心的公路运输运行效率。

对接干线整体组织。围绕干线和区域网络的整体服务成本和效率提升目标，有机对接铁路、水路运输平台与公路运输平台供需信息，并在平台对接基础上，依托与国家物流枢纽内铁路、航运场站一体化布局的区域公路运输场站设施，积极吸引公路零担、专线等集散运输企业资源聚集，推动干线与公路支线服务的一体化操作，形成整体组织。

提高多式联运衔接转运水平。延伸国家物流枢纽干线多式联运服务，对接区域集散物流服务，拉长多式联运服务链条，形成辐射区域多式联运网络。补齐区域多式联运转运设施短板，推动铁路专用线与港口物流设施衔接，完善公铁、铁水、公水联运中转作业流程，营造国家物流枢纽干支多式联运网络环境。引进和培育区域多式联运企业，丰富多式联运交易平台建设与运营内容，创新集散物流服务产品，促进干支一体的联运服务市场发育。

培育区域专线服务网络。提高国家物流枢纽聚集公路专线、零担、快递、配送等服务资源能力，密切与城市物流节点之间的服务组织和运作关系，打造市域物流集散服务网络。提高城市物流节点辐射周边县市、乡村物流节点的物流运作服务能力，打造城乡一体、服务下沉、运作高效、成本具有优势的城乡物流集散服务网络。提高与湘南、赣西等150～200公里区域范围的物流服务网络覆盖能力，加密班线、织密网络、提升水平。引进全国网络化布局的快递、电商物流企业进驻国家物流枢纽，设置区域性分拨中心，形成与区域物流集散服务网络的互动互补，建设高效区域分拨物流网络。

（3）枢纽配送业务开展。

打造城市配送中心。依托国家物流枢纽内综合配送设施和商贸物流设施，推动城市商贸物流组织创新，鼓励线上渠道与线下配送融合模式发展，利用干线运行的低成本环境，集中城市内各类商贸活动可脱离市场空间进行统一城市配送的物流运作需求，打造家居、建材、快消品等多个服务领域城市配送组织中心；引导全国性和地方性电商、快递企业，在国家物流枢纽内布局辐射区域和城市的电商分拨和快递服务中心。以国家物流枢纽顶层配送组织中心为牵引，整合城市内的商贸物流设施、县域城市配送服务设施，以及乡镇末端配送网点服务，打造多层级配送运行体系，提高配送组织化程度。

整合发展共同配送。围绕各层级的不同细分产业配送服务组织，开展设施整合，建设国家物流枢纽共同配送设施。强化公共性配送资源对接与高效利用，加强主要快递配送服务企业间业务合作与联合经营，培育规模化的共同配送企业主体。针对多领域配送服务需求，依托共同配送企业，开展规模化的统一配送服务和组织，打造共同配送中心。

（4）构建“干支配”+“仓”业务系统。

整合仓储资源。依托国家物流枢纽仓储交易平台，高度聚集衡阳市域仓储资源服务能力信息，平台化对接市场需求，创造高效匹配的仓储市场体系，优化全市仓储活动组织，支持和引导各类企业的自建仓储进一步开放服务，优化资源配置，提高仓储服务开展的公共性水平，整体提升区域仓储资源利用效率。

推动集中仓储。依托平台化和规模化的仓储交易市场结构，以国家物流枢纽为核心空间，各专业化物流园区为补充，引导企业发展公共服务型仓储，发掘规模仓储效率。归并城区分散、低效的商贸配套物流仓储设施，集中建设高效率现代化仓配设施；集约建设生产服务型仓储设施，在现代生产供应链组织支撑下，以效率与成本优势替代生产、制造企业厂区仓储设施，支持企业降低库存成本。

优化仓储功能。引导仓储企业围绕干支配活动和一体化服务需求，积极优化服务功能。着力提高仓储企业在传统储存功能基础上，针对性加强拆箱、拼箱、包装、流通加工、保税储存等功能建设，促进仓储与运输活动的整体衔接，在有效支持整列、整船、整车运输集成组织的同时，延伸和拓展仓储服务价值。

发展智慧仓储。以交易平台对仓储需求的信息集成为基础，加强大数据分析，积极应用仓储领域新技术、新设备，强化仓储信息管理，优化仓储运作流程，建设智慧型仓库。加强仓储与供应链企业间协作，将仓储组织与生产、贸易、金融等活动紧密融合，开展适应现代产业组织的精准储存、快速响应、仓配一体、供应链金融等服务，提高仓储活动创造产业价值的能力。

（二）主要特点

衡阳陆港型国家物流枢纽是湖南省唯一的国家物流枢纽，在中等城市物流资源全面整合方面具有突出特点，作为陆港型枢纽，把港口业务、供应链服务业务进行了关联整合。

1.单一枢纽整合城市物流资源

衡阳陆港型国家物流枢纽通过公共服务业务、平台化业务协同，以城市部门间协同、枢纽运营企业间协同为保障，加快整合城市物流资源。

公共服务业务集成协同。针对枢纽辐射150公里左右的湘南、粤北、赣西、桂东等区域，强化国家物流枢纽与区域内产业聚集区、县域物流设施的功能互补发展和业务对接运行，重点做好国家物流枢纽干线开行计划向其他枢纽设施信息对接，形成对规模化干线业务和公共服务喂给业务的协作。

平台化业务整体组织协同。依托国家物流枢纽业务平台，规模化集成各类物流环节需求信息，针对性对接辐射区域内各类设施的仓储、堆场、运输服务等资源，形成国家物流枢纽业务平台对国家物流枢纽内设施、城市物流设施、湘南等区域物流设施的整体组织，提高区域物流设施的整体利用效率，提升对区域产业发展的有效支撑能力和水平。

建立协调机制。由衡阳国家物流枢纽建设领导小组牵头，一是建立与重点方向的国家物流枢纽承载城市相关部门的联系机制，在一体化通关机制、政府对枢纽间通道业务的政策性引导和支持、枢纽物流标准化协同、枢纽物流业务管理办法、关联部门信息开放等方面，开展沟通与协调，促进枢纽间形成通道网络服务体系；二是建立与周边枢纽分拨配送等业务关联城市间协调机制，加快信息沟通、城市通行管理等领域政策对接。

建立国家物流枢纽运营企业间沟通协作机制。积极参与国家物流枢纽联盟，着力与和衡阳存在通道业务联系的国家物流枢纽建立企业层面的沟通机制。遵循市场化规律，以整体效率提升、互利共赢为原则，在业务合作框架、业务操作规范、业务平台信息互联互通等方面，形成合作安排，签订有关协作协议。

2. 陆港枢纽整合港口物流业务

针对衡阳主要对外干线通道上的广州、深圳、长沙、武汉、郑州、南宁、钦北防、岳阳等关键国家物流枢纽，开展枢纽运营主体间干线业务对接。重点共商开行枢纽间铁路班列、内河水运班轮业务，打造高品质干线服务产品，支撑全国骨干网络成形。

拓展国际联运通道物流业务。一是优先发展海铁联运国际物流大通道，继续提升发展对接珠三角各港口的国际海铁联运通道业务，依托枢纽对接珠三角国家物流枢纽的铁路班列，延伸对接深圳等其他国际港口，进一步完善枢纽与港口间的联运协议，优化海铁联运运营组织模式，提高联运组织效率，完善品牌化联运产品，形成快速海铁联运大通道；同时，依托湘桂铁路枢纽间的班列化运行，加快对接西部陆海新通道、北部湾港国际海上班轮，形成南向海铁联运大通道。二是积极发展陆路国际联运通道，在衡阳—满洲里—俄罗斯—中东欧—西欧的现有班列开行基础上，加快对接湘欧快线等中欧班列，发展衡阳经阿拉山口出境的中欧班列，拓展衡阳始发中欧班列的服务范围。三是有序发展水水国际联运大通道，结合文家坪港口设施建设，发展衡阳内河集装箱班轮运输，与长江沿线国际港口衔接，形成集装箱江海联运水上国际大通道。国际联运通道开行如表1所示。

表1 国际联运通道开行

国际联运通道	通道方向	重点推进时间	目标	干线服务模式	政策支持
海铁联运通道	衡阳—广州、深圳—国际航线	既有线路继续推进	700（列/年）	依托铁路干线班列，对接广州、深圳、钦北防等沿海港口型国家物流枢纽	依托国家物流枢纽的口岸国际服务功能，加强与沿线枢纽节点间的一体化通关政策协调
	衡阳—钦北防—国际航线	2021—2023年	300（列/年）		
水水国际联运通道	衡阳—岳阳—武汉—上海—国际航线	2023—2025年	5000（标箱）	紧密对接岳阳、武汉等内河港口型国家物流枢纽，融入长江航运干线网络，借助长江航运干线与上海港对接	

3. 依托产业基础开展供应链业务

推动制造、商贸等企业与枢纽服务系统融合，用好衡阳陆港型国家物流枢纽的干支仓配系统，深度嵌入产业链供应链，推动供应链集成业务创新发展。结合衡阳枢纽既有供应链服务业务开展条件，以农产品、大宗商品为例，聚焦枢纽开展供应链集成业务的方向。

特色农产品供应链延伸集成业务。黄花菜、茶油是衡阳市及周边区域的特色农产品，具备做成大规模的条件，围绕特色农产品的产销全链条服务需求，以衡缘物流园为核心载体，构建支持产业扩张发展的供应链服务系统。在生产前端，通过与湖南省现代农业集团等农业产业化龙头企业合作,形成对优势农业资源的充分利用，并利用国家物流枢纽形成的区域物流分拨集散网络，开展对农产品采集后的低成本冷链运输；在流通加工环节，利用国家物流枢纽内建成的高质量和多功能仓储服务，开展流通环节分拣、清洗、加工、包装；在终端流通环节，依托枢纽内果蔬批发市场、绿源农产品配送交易市场，打通商业渠道，并利用国家物流枢纽干线调运、本地区域网络分拨和配送，以及跨区域网络协同条件，实现产品低成本、高效率终端到达，打造商贸渠道和物流实现环节融合一体的商贸物流系统。

大宗商品供应链公共集并业务。衡阳市是传统制造业强市，各生产企业形成大量煤炭、钢铁、化工产品等原材料和产成品大宗物资物流需求。发挥衡阳陆港型国家物流枢纽所形成的干线低成本运输和支线高效率辐射优势，以红光物流园及后期开发的相关功能区（枢纽A片区）为核心，规模化集成分散企业大宗商品物流服务信息，对接枢纽干支仓配系统，开展共同采购、集成干线运输、集中仓储、智能分拨等公共性物流服务，构建有效降低衡阳生产企业物流成本的供应链服务系统。

三、遂宁国家物流枢纽布局建设

遂宁市地处成渝地区双城经济圈地理中心，既是成渝城市能量区域辐射的衔接与接续要冲，又是川中地区城际物流分拨的重要支点之一，还是成渝地区双城经济圈与中原方向经济能量辐射与交换的关键。遂宁陆港型国家物流枢纽以中国西部现代物流港（国家级示范物流园区）存量物流设施为基础进行集中布局建设。

（一）基本情况

1.服务成渝优势区位的空间布局

遂宁市依托铁路对外通道的便利条件，以达成铁路、遂渝铁路、襄渝铁路为核心，连接重庆与成都两大核心城市，形成向西部、南部和中部区域辐射的主要干线通道，特别是向中部地区的辐射通道，决定遂宁进出四川省的重要枢纽地位。此外，涪江内河航道正在推进提档升级及复航工程，项目完工后将具备Ⅳ级航道内河水运条件，形成连接嘉陵江、长江主航道的水上货运通道。

按照陆港型国家物流枢纽功能设施布局要求，以物流业务流程优化、联运活动衔接、利于公共化服务集成等为导向，遂宁陆港型国家物流枢纽开展服务物流业务，加快基本功能设施和延伸功能设施建设，建设公铁联运功能区（占地面积约1000亩）、国际物流服务功能区（占地面积约200亩）、城市商贸物流服务功能区（占地面积约3000亩）、制造业物流服务功能区（占地面积约1300亩）四大功能区，以及部分配套功能设施。

公铁联运功能区主要布局满足干线运输、区域分拨和公铁联运等国家物流枢纽基本功能的设施，包括铁路专用线及货场、公铁联运设施以及公路区域分拨配送设施等。国际物流服务功能区主要布局满足国际物流及口岸服务等国家物流枢纽基本功能的设施，包括了海关监管区以及配套功能设施等。城市商贸物流服务功能区主要布局满足商贸物流供应链全流程服务等延伸功能的基础设施，包括了城乡共同配送中心、加工配送仓储区、快递分拣配送中心、电子商务集中配送中心、国际会展中心、综合配套服务区（含信息服务平台）等。制造业物流服务功能区主要布局满足制造业物流供应链全流程服务等延伸功能的基础设施，包括了集中仓储及加工配送中心、大宗物资加工贸易区等。

2.服务国家战略和城市的功能定位

遂宁陆港型国家物流枢纽紧扣融入全国现代物流运行体系，服务成渝地区双城经济圈建设主线，谋划枢纽定位和主要功能。

国家物流枢纽网络重要运行节点。按照陆港型国家物流枢纽基本发展定位要求，遂宁陆港型国家物流枢纽重点承载遂宁及周边150公里区域国家物流枢纽的经济辐射功能，加快建设具有公共服务属性的规模化、网络化、集约化“通道+枢纽+网络”现代物流服务体系，建设国家物流枢纽网络重要运行节点。

成渝地区双城经济圈物流一体化组织重要枢纽。遂宁陆港型国家物流枢纽依托位于成渝地区双城经济圈地理中心的区位条件，探索城市群物流协作体系优化发展示范路径，加强与两地国家物流枢纽的合理分工和合作，集中布局区域核心物流资源，以平台化方式引领区域物流运行组织整合，网络化布局区域分拨体系，建设服务于成渝地区双城经济圈的物流运作组织和资源整合的次级中心。在此基础上，遂宁陆港型国家物流枢纽加快完善干支网络条件，营造物流要素聚集环境，延伸制造、商贸等供应链服务功能，建设服务川中、川东北区域与成渝交界地区的产业供应链组织中心。

国家战略重要支撑节点。以进一步促进成渝地区双城经济圈内部结构优化与整体发展为路径，遂宁陆港型国家物流枢纽是新时代西部大开发战略的重要支撑节点。遂宁陆港型国家物流枢纽经济辐射半径涉及川中及川东北区域近3000万人口，利用位于襄渝铁路和达成铁路的连接点的区位条件，建设川渝北入中原核心通道的枢纽，加速融入国家物流网络。遂宁陆港型国家物流枢纽的布局建设，将有效加速川渝两地与中部经济区以及自身之间在资源、市场、消费、产业等方面的全方位交流与融合，成为支持川渝地区特别是川东北后发地区崛起，推进我国区域经济协同、均衡发展的重要战略支撑节点。

3.政府企业协同推进枢纽建设

遂宁陆港型国家物流枢纽大部分土地已经实现开发，后续增量的开发空间规模和资金投入规模并不大，因此，确定采用“政府规划+市场企业主导”的开发模式。遂宁市加强对国家物流枢纽整体功能、发展定位的规划，通过规划引导并约束枢纽在建设运行中，切实围绕发挥陆港型国家物流枢纽功能开展运作。由遂宁西部铁路物流园的经营企业——四川威斯腾物流有限公司，进行增量土地的开发、建设、招商、运营等工作。

遂宁陆港型国家物流枢纽内的设施建设，按照设施属性差异，主要包括两类建设主体。

四川威斯腾物流有限公司。作为实施枢纽增量部分基础开发的建设主体，负责土地获取、七通一平建设，以及园区内部道路建设、绿化等基础工程。作为主要运营企业，开展公共服务属性相关设施建设，包括铁路专用线、公铁联运场站、公共信息平台、公共仓储服务设施等建设。

其他物流经营企业。对于国家物流枢纽内各类具体开展物流业务的经营企业，由四川威斯腾物流有限公司按照国家物流枢纽的未来各项经营业务，负责经营性特征明显的物流设施建设。

4. 打造特色枢纽业务体系

续表

（1）“干支配”业务开展。

遂宁枢纽（遂宁陆港型国家物流枢纽）目前已形成较为成熟的“干支配”业务体系。遂宁陆港型国家物流枢纽“干支配”业务示意如图1所示。

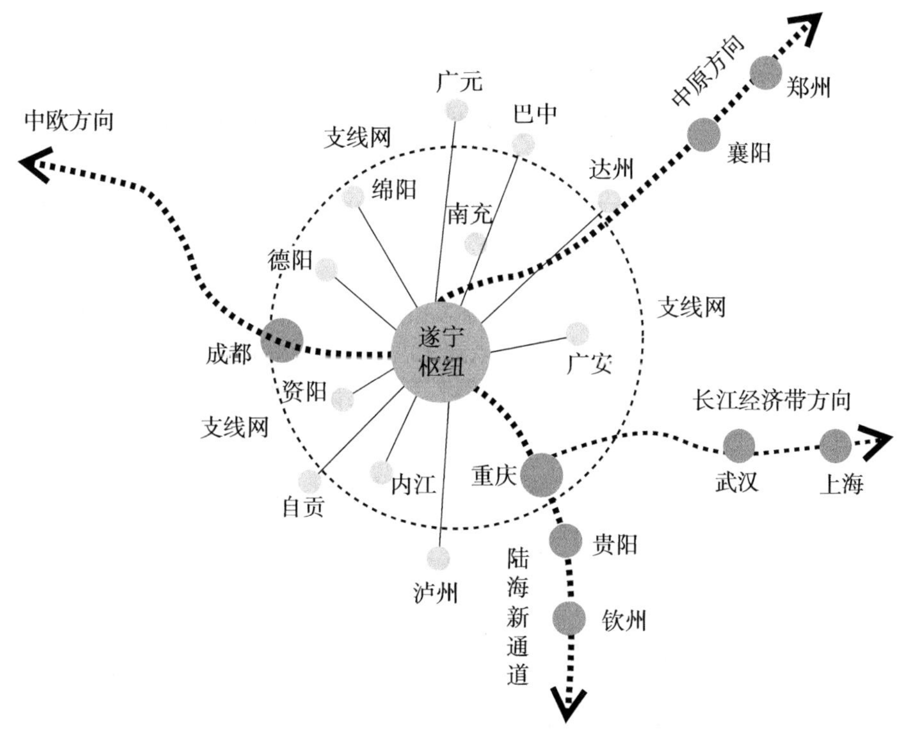

图1 遂宁陆港型国家物流枢纽“干支配”业务示意

强化区域网络支撑下的干线开行组织。遂宁市地处成渝地区双城经济圈中心位置，周边150公里内有成都和重庆两座超大城市以及其各自的国家级物流枢纽，形成了强大的物流要素聚集效应。同时，遂宁市的空间中心位置，也为遂宁市带来了比较优势。因此，必须探索通过服务周边，特别是为成都、重庆进行商贸、生产物流公共性集成服务，推动干线要素的聚集路径，形成城市群空间和组织协同下，支线网络构建牵引并与干线互动的一体化运作组织模式。

加强与成渝干线开行产品融合。为提高遂宁干线开行的密度和规模，在遂宁本身干线需求规模偏小的条件下，加强与成都、重庆有关陆港型国家物流枢纽的协同，以成渝地区双城经济圈经济体量为共同基础，突出推动铁路货运客运化发展，创新多点联动干线运输组织，打造统一干线服务品牌，形成物流要素的区域合作共享利用、串接区域经济体量，实现物流需求的更广泛集成，提高区域干线整体水平。

提高铁路干线运输水平。以成渝地区双城经济圈的总体辐射方向为背景，在重点辐射方向上开展对外铁路中长期协议运输，在区域辐射网络特别是对接成渝地区的分拨网络支持下，加强遂宁陆港型国家物流枢纽与沿线主要国家物流枢纽间协作，积极开行点对点班列、专列运输。突出遂宁依托襄渝铁路向中原方向开展通道运输的区位优势，围绕襄阳、郑州、西安等方向，推动干线铁路班列开行；加快融入西部陆海新通道，创新与成渝两大枢纽协作，推进与贵阳、南宁、钦北防等之间的铁路物流通道化组织；积极对接长江经济带，密切与武汉、南京等地通道联系。

拓展国际联运干线业务。相比国内干线运输，遂宁自身现阶段国际化干线运输规模更低，为创造良好国际产业发育的物流国际通道环境，更应强调加强与成都、重庆等地国家物流枢纽联动，深化业务协作，创新业务模式，对接蓉欧、渝新欧等中欧班列，加强通关一体化建设，打造陆上铁路国际联运通道。利用重庆西部出海新通道的平台优势，加强与南宁、钦北防等枢纽间业务协作，发展海铁联运干线通道业务，成为国际物流通道组织重要环节。遂宁陆港型国家物流枢纽区域支线网络培育如表2所示。

表2　遂宁陆港型国家物流枢纽区域支线网络培育

支线网络服务	服务市场	推进方式	发展目标	政策支持
公路专线服务网络	针对整车运输领域，开展公共化、标准化服务	一是依托公路货运交易平台整合社会资源，二是引进专线企业	形成遂宁至成都、重庆的高密度公路专线网络，以及对资阳、南充等城市的专线网络	明确遂宁市引进快递、零担等企业，集中布局于国家物流枢纽内，提高分拨资源的集中度
公路零担服务网络	针对中小件运输的区域网络服务	引导德邦等知名零担运输企业布局区域性集散转运中心	利用企业网络与专线公共网络有效协同，打造遂宁陆港整体网络	
快递区域服务网络	针对快消品等小件运输的区域网络服务	引导快递和电商企业布局区域性集散转运中心	形成各快递企业的区域辐射网络，并与专线公共网络有效协同	

（2）供应链集成业务。

大宗商品供应链集成业务。依托蜀道通有限公司等供应链平台企业，以及对石油制品、机械装备、有色金属、橡胶轮胎、粮油食品、天然气、煤炭、钢铁等供应链的集成能力，强化供应链平台企业与国家物流枢纽干支仓配服务能力的对接，围绕周边区域各类生产企业的大宗物资需求，特别是成都、重庆等具有重叠性的生产活动物资需求，结合威斯腾大宗物资集散中心建设，开展大宗商品供应链集成。发挥遂宁陆港型国家物流枢纽所形成的干线低成本运输和支线高效率辐射优势，按照蜀道通等供应链服务需要指引，以威斯腾大宗物资集散中心为重要载体，选择特色商品，规模化开展分品类的“干支仓配”业务，推动共同采购、集成干线运输、集中仓储、智能分拨等公共性物流服务，符合成渝地区双城经济圈产业特色，有效降低区域工业运行物流成本的供应链服务系统。遂宁枢纽大宗商品供应链集成如图2所示。

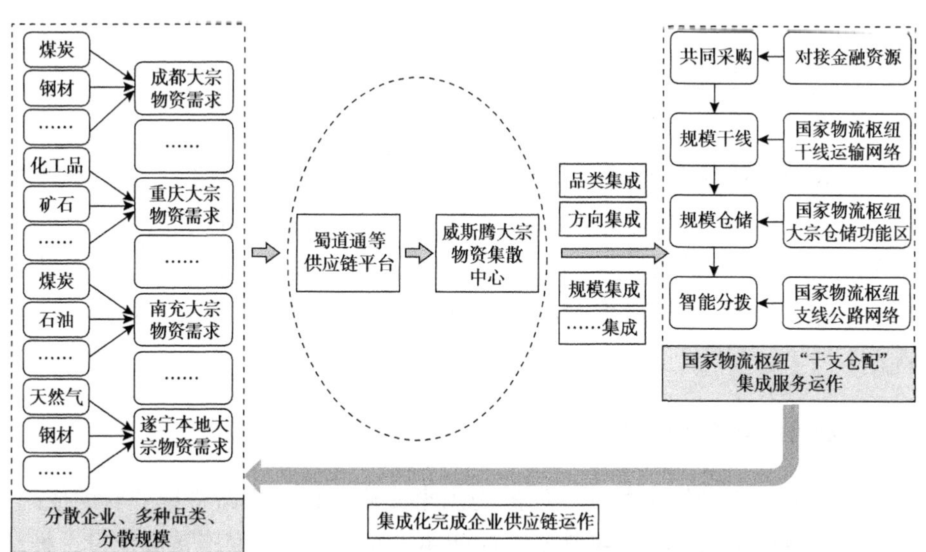

图2 遂宁枢纽大宗商品供应链集成

商品车供应链集成。紧扣国内汽车生产与消费市场空间结构，围绕服务成渝地区双城经济圈以及西北方向需求，紧密联系东部、中部区域多个汽车品牌厂商，开行商品车班列，在遂宁形成规模性集结，打造西部铁路商品汽车集疏运中心。依托商品车物流的集中环境，积极拓展服务内涵，加强贸易、信息、金融、物流、后服务等服务的有机融合，延伸供应链服务链条，形成产业发育环境和业态创新环境。遂宁枢纽商品车供应链集成如图3所示。

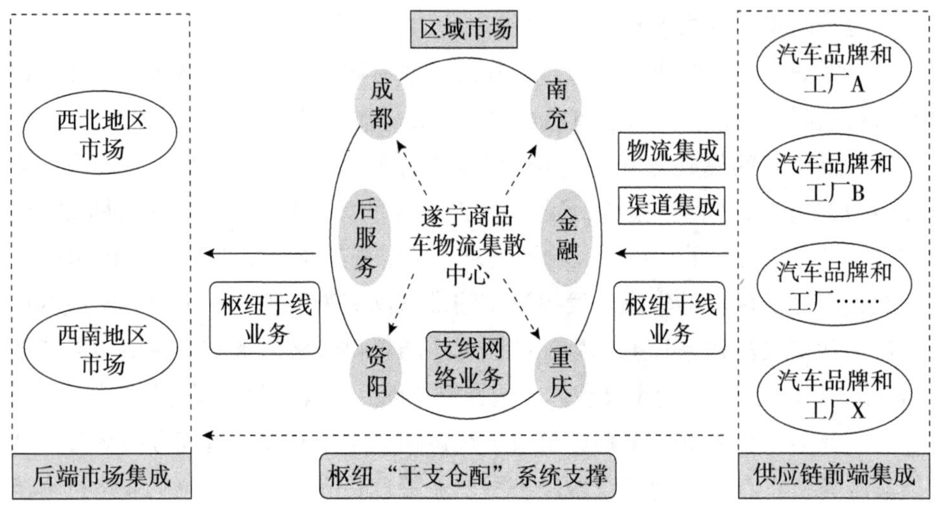

图3　遂宁枢纽商品车供应链集成

（二）主要特点

作为经济体量和人口均不大的城市，遂宁自身经济体量并不足以支撑遂宁直接构建网络的需求规模，发挥处于成渝等距中心位置的优势，抓住服务成渝、对接成渝的主线，进行干支网络的整体构建，形成区域结构适配的枢纽，同时支持在城市群之间优化经济空间布局，是遂宁枢纽的主要特点。

1.服务成渝构建干支仓配网络

成渝地区双城经济圈建设已成为国家战略，遂宁枢纽将把“联动成渝”抢占未来发展制高点的关键之举，深度融入成渝地区双城经济圈建设，推动成渝地区双城经济圈中部崛起。在持续推动成遂、绵遂合作的基础上，通过枢纽建设重点推动遂潼一体化发展，打造川渝毗邻地区一体化发展先行区。针对遂宁对外干线通道上的成都、重庆、贵阳、襄阳等关键国家物流枢纽，开展枢纽运营主体对接，共商开行枢纽间班列业务，打造高品质干线业务，融入全国网络。着力对接成都、重庆有关国家物流枢纽，积极协商遂宁枢纽融入其对外通道化运输产品，共同打造以成渝地区双城经济圈为整体的干线开行品牌。

2. 融入成渝生产流通体系

以供应链集成业务服务成渝主导产业链。利用遂宁枢纽对接成渝的高度联动一体化干支网络，形成区域要素低成本、高效率流动环境，支持遂宁产业发展融入成渝地区双城经济圈产业体系格局。以遂宁陆港型国家物流枢纽供应链组织中心建设为契机，以遂宁市五大支柱产业发展规划为依托，按照高新技术产业与传统制造业的技术特征与市场服务需求，推动各类企业依照其自身产品特点和工艺流程要求，推广应用物流供应链管理，提高企业内部物流管理水平。支持各类高新技术企业和传统制造企业在提高生产组织效率与效益的基础上，以制造环节的完善提升价值链的地位，以价值链的扩展支撑产业链的延伸。同时，以遂宁陆港型国家物流枢纽综合服务能力为基础和表率，提高第三方物流企业发展水平，鼓励其开展基于国家物流枢纽的网络化、集约化运营服务，打造制造业专业物流服务能力，以高质量的专业化服务改善制造企业物流服务，以高效、安全的服务引导和鼓励服务目标企业基于物流供应链管理的物流服务外包，提高企业物流服务与运作效率，降低物流服务成本，支持企业做大做强。

打造服务成渝地区的现代流通重要节点。依托国家物流枢纽的“干线+区域网络”整体低成本优势和网络辐射条件，明确遂宁作为成渝两市对外商贸衔接节点、川中及川东北区域商贸辐射二级节点和三级配送服务载体的定位，针对川中及川东北区域内的大规模城乡消费需求，以城市配送为基础，以城际配送为骨干，以城乡配送为突破，培育覆盖川东北区域商贸和物流一体化运作与发展新模式。以完整的服务体系和良好的服务质量为依托，发挥成渝城市通道衔接点的优势，建设覆盖川中及川东北区域的商贸物流分拨和配送网络。以国家物流枢纽融入国家网络的低成本干线物流网络，以及与其他国家物流枢纽联动的异地联运末端辐射网络为基础，依托电商平台核心手段，培育遂宁特色产业与产品贸易的全国性贸易渠道乃至全球性贸易渠道，为相关产品扩大市场范围，提供便捷的物流实现能力支持。

3. 打造特色枢纽经济区

打造成渝地区双城经济圈物流枢纽经济示范区。以遂宁陆港型国家物流枢纽为核心，周边高新区、经开区等为主要联动产业布局载体，打造成渝地区双城经济圈物流枢纽经济示范区。空间性集聚电子信息、装备制造、食品加工等产业，平台化承载面向成渝市场、融入成渝产业体系的区域制造、商贸产业顶层供应链服务功能，发育形成契合供应链功能创新、可扩张的各类商品交易物流和制造业服务化产业发展新业态，发掘平台经济、数字经济、共享经济等产业价值实现新模式，整合提升全市经济发展效能，培育遂宁经济发展新增长极。以优化城市群物流组织结构和系统性降本增效为动力，在促进区域统一市场构建、产业体系融合发展中，打造中等城市创新发展路径示范。

培育遂潼一体化经济发展轴带。依托连接成渝的物流通道网络，发挥遂宁陆港型国家物流枢纽要素集成能力，强化遂宁与重庆潼南的区域物流网络融合，营造两市产业共用的整体物流服务环境，支持遂潼区域经济一体化建设，丰富双城经济圈发展形态。聚焦支持油气化工、电子信息、装备制造等两地特色优势产业协同发展，深化供应链整合服务，形成产业协作规模效应与互补发展格局。创造两地特色农产品的共同市场辐射和集中流通加工环境，强化“遂宁鲜”“潼南绿”等农产品品牌的渠道网络互补与协同，共同打造成渝“菜篮子”供应基地和辐射全国农产品商贸物流中心。

发掘枢纽经济发展新动能。提高枢纽的物流要素聚集规模，增强枢纽辐射能力，支持产业扩大利用资源范围、提高辐射市场空间，为制造、商贸产业扩张发展和增量产业布局发展，营造具有区域竞争力的供应链物流运行环境，发掘枢纽经济发展新动能。充分应用现代信息技术，强化以枢纽要素聚集为基础的平台功能拓展，推动商流、物流、资金流、信息流等有机融合，依托平台化运作，统筹线上线下不同形态和产业发展不同功能环节，加速产业组织资源整合形态创新、辐射市场渠道模式创新、产业价值实现路径创新，培育平台经济发展新动能。把握国内国际双循环发展大势，依托西部陆海新通道、“一带一路”等对外联系大通道，密切与通道沿线主要城市和枢纽产业联系，丰富供应链协作模式，融入并推进通道经济走廊建设，培育遂宁经济发展新需求。

培育“物流+”产业发展生态。利用物流平台经济发展的价值创造功能，推动物流业态升级和价值链延伸创造，加快“物流+”制造业、商贸流通、现代农业、旅游、金融、信息等发展模式创新，培育产业物流、供应链金融、电子商务、跨境电商、物流信息、交易结算等新业态、新需求。发挥成渝地区冷链物流体系建设对冷链装备制造、现代农业发展的引领作用，构建规模化、融合性应用场景，培育冷链装备制造、规模化现代农业生产、农业观光、

农产品商贸流通等全链条产业发展生态。依托城市群物流配送体系建设，加快推动新能源车标准化制造、城市配送规范管理、智能调度物流业态创新等物流与产业互促发展格局。围绕柠檬、菜籽油等地标产品的全球辐射，推动形成物流体系与生产规模扩张、产业精深加工配套、商贸产业发展等特色产业集群。

四、乌兰察布—二连浩特国家物流枢纽布局建设

乌兰察布和二连浩特位于中蒙俄国际物流大通道前沿地区，既便利对接京津冀国内大市场，又是国际开放口岸门户，具有独特的联动发展和功能互促发展区位优势，乌兰察布和二连浩特分别被国家赋予陆港型、陆上边境口岸型国家物流枢纽承载城市，推动国家物流枢纽布局建设，是两市作为联合枢纽承载城市的基本要求，也是两市深化物流与经济要素整合，推动自身和区域经济发展的重要依托。

（一）基本情况

1.打造两市枢纽协同发展布局

乌兰察布—二连浩特联动枢纽在空间上按“两枢纽、四片区”布局。一是乌兰察布枢纽，分为七苏木物流基地片区和北方陆港物流中心片区；二是二连浩特枢纽，分为浩通物流园片区和汇通环宇物流园片区。

七苏木物流基地是国家示范物流园区“集宁现代物流园区”的核心区，位于乌兰察布市集宁区东北部，二广高速以南、110国道以北、东绕城高速以西、318省道以东，规划用地面积1.89平方公里，分二期建设。项目铁路接轨集二铁路七苏木站，是中欧班列的重要铁路枢纽集结站。

北方陆港物流中心位于乌兰察布市集宁区察哈尔经济技术开发区内，体育公园东街以南、平地泉东路以北、藏红南路东西两侧。规划用地面积1.29平方公里，分二期建设。项目紧邻110国道、G6和G7高速公路出入口。

浩通物流园位于二连浩特市东南部，东环路以东、二一色线以西、319省道以南、二色线以北，规划用地面积1.5平方公里。与二连浩特铁路口岸通过

宽准轨走行线各一条相连。

汇通环宇物流园位于二连浩特市北部，中央大道以东、北疆街以北、前进路以西、国境线以南，规划用地面积1.09平方公里。项目紧邻二连浩特公路口岸，通过前进路与之相连，交通便利。

2. 明确物流枢纽协同发展定位

两市物流枢纽的协同发展，在城市和区域物流体系、产业组织、通道运行、经济形态等不同角度，具备特色化的发展价值，形成多角度的发展定位。

两市物流系统核心整合平台。从枢纽与物流的发展关系角度看，一方面，按照国家物流枢纽发展的一般要求，两市国家物流枢纽各自整合城市分散物流资源，加强要素空间聚集和运作一体化发展，形成高效配置城市物流资源、提高城市物流组织效率、完善城市物流功能的重要平台。另一方面，以两枢纽平台间的互联互通、运作协同为手段，以统一的物流服务产品为表现形态，两枢纽形成整体功能、组织、服务一体化格局，共同营造两市系统性的物流一体化发展环境，形成区域物流发展统一平台。

两市产业整体供应链组织平台。从枢纽与产业组织的关系角度看，依托两市共同运作的物流资源整合平台，以供给侧结构性改革下供需有效匹配为抓手，两市国家物流枢纽积极推动制造业、农业等产业供应链物流服务发育，加快物流与相关产业融合发展，共同打造高效和具有成本竞争力的供应链物流服务平台，提高乌兰察布和二连浩特布局产业的辐射服务能级和范围，引领两市存量产业转型升级、增量产业高端化和产业物流服务扩张发展，推动形成两市产业整体供应链组织平台。

中蒙俄国际物流大通道前沿组织中心。从枢纽地位以及枢纽与通道的发展关系角度看，两市国家物流枢纽通过有效整合区域物流资源，提升物流规模化运作和组织水平，发挥乌兰察布和二连浩特国际物流通道前沿的区位和国际功能优势，并形成与大通道上国际国内重要枢纽节点的物流组织协同，统筹培育国际联运、国内铁路干线运输等通道化物流服务产品，提高对通道物流活动的集成组织地位，着力打造中蒙俄国际物流大通道前沿组织中心。

陆上边境地区特色物流与产业融合发展示范区。以泛口岸经济区的产业布局和发展比较优势建立为导向，以国家物流枢纽的两地联动与整体系统建设为手段，强化经济要素、物流要素在两市合理布局和发展，围绕中蒙俄经济走廊通道经济发展，创新前沿地区对两种资源、两种市场的有效利用路径，促进前沿地区的发展要素沉淀，形成泛口岸前沿地区的物流、产业整体高质量发展示范。

3.政府企业协同推进枢纽建设

乌兰察布—二连浩特联动枢纽的建设采取政府推进、企业主导模式。乌兰察布、二连浩特两地政府在推进建设、要素保障和部门协调方面发挥作用，外经贸、北方陆港、浩通、汇通、环宇五家公司在原有基础上补齐联动功能短板。乌兰察布—二连浩特联动枢纽开发建设模式如图4所示。

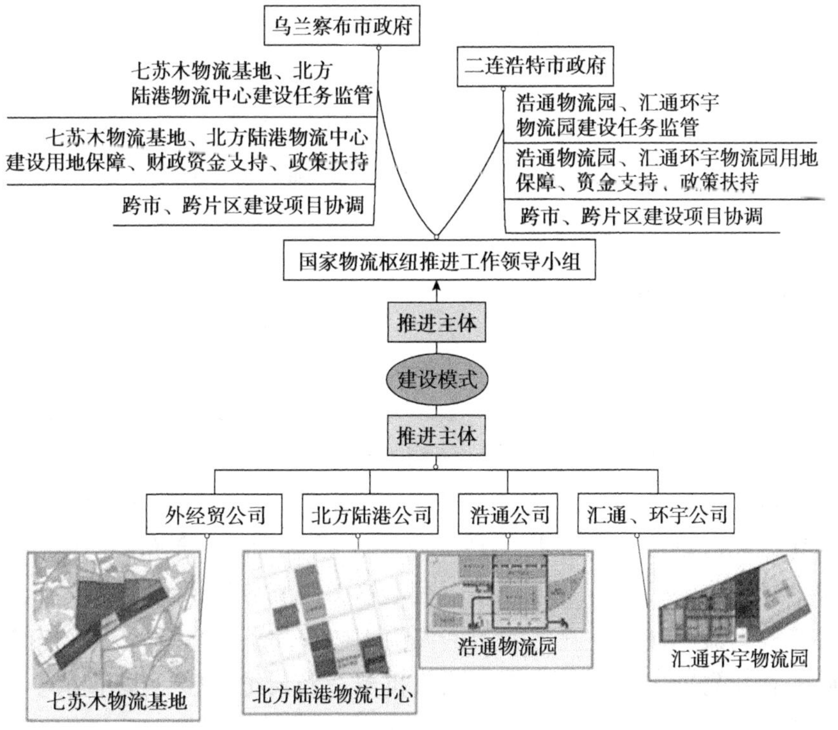

图4　乌兰察布—二连浩特联动枢纽开发建设模式

政府推进。乌兰察布、二连浩特政府在现有的“乌二一体化”推进机制框架下，成立乌兰察布—二连浩特联动枢纽建设推进领导小组。组长由两市市委书记担任，副组长由两市市长及各分管副市长担任，成员单位包括发展改革、交通运输、自然资源、财政、商务、口岸、铁路等部门。具体职责包括枢纽建设任务监督，建设用地保障、财政资金支持、政策扶持，跨市、跨片区建设项目协调等。

企业主导。外经贸，北方陆港，浩通，汇通、环宇作为四个片区的建设主体，按照本次“乌兰察布—二连浩特联动枢纽建设方案”对各片区的功能要求，调整后续规划，在加强片区间协调的基础上，继续开展各片区开发建设。具体而言，外经贸公司负责七苏木物流基地建设，北方陆港公司负责北方陆港物流中心建设，浩通公司负责浩通物流园建设，汇通、环宇公司负责汇通环宇物流园建设。

乌兰察布—二连浩特联动枢纽的既有设施在承载陆港型、陆上边境口岸型国家物流枢纽的基本功能方面已经基本满足，但是在进一步发挥枢纽对当地经济发展带动作用，提供生产制造业供应链集成服务、商贸业物流配套服务等方面还存在较大欠缺；在应用新一代信息技术实现物流运作智能化、自动化方面还存在较大差距。为此，下一步该枢纽重点在落地加工配套物流设施、商贸流通配套物流设施、物流信息基础设施等方面加大建设，以更好发挥枢纽作用。

4. 搭建物流枢纽协同运行平台

（1）培育统一协同的枢纽运营主体。

国家物流枢纽的运行具有特色鲜明的业务整体性，因此，应结合不同枢纽整合资源的既有资本、运行结构，鼓励和支持具备实力的骨干企业，通过战略联盟、资本合作、设施联通、功能联合、平台对接、资源共享等市场化方式，形成优势互补、高度协同、利益一致的合作共同体。同时，按照整体运作的要求，有序推动干线运输、区域分拨、多式联运、仓储服务、跨境物流、城市配送等物流资源向枢纽聚集，培育集约化、枢纽型物流服务企业集群，实现枢纽资源的有机整合和系统配置，提升物流一体化组织效率。

乌兰察布—二连浩特联动枢纽运营以乌兰察布外经贸公司为主体企业，并通过战略合作、分公司、子公司、控股参股、业务合作等形式与各业务关联企业形成紧密联盟。乌兰察布外经贸公司是国家示范物流园区“集宁现代物流园区”的主体企业，具有丰富的物流园区运营经验。

（2）建设功能集成的枢纽操作平台。

功能集成的枢纽操作平台是枢纽整体业务运作一体化的体现，而以信息集成为核心的信息平台则是实现操作的直接载体。应依托枢纽统一运行企业，以信息集成为基础手段，在以上枢纽功能系统框架设计基础上，围绕运行实现的具体衔接过程要求，打造集干线运输、区域分拨、通关等配套服务、供应链物流服务等功能于一体，并且具有直接业务操作和实现能力的开放性物流信息平台，为国家物流枢纽整体功能实现提供运作支撑，也为下一步搭建国家物流枢纽整体运行系统提供基础。

干线运输服务。主要为东南亚至蒙古国、俄罗斯的海铁国际联运业务，国内海铁联运业务和中欧班列业务。其中，目前正在运营的经二连浩特口岸出境的中欧班列线路达到26条。乌兰察布—二连浩特联动枢纽干线运输服务网络示意如图5所示。

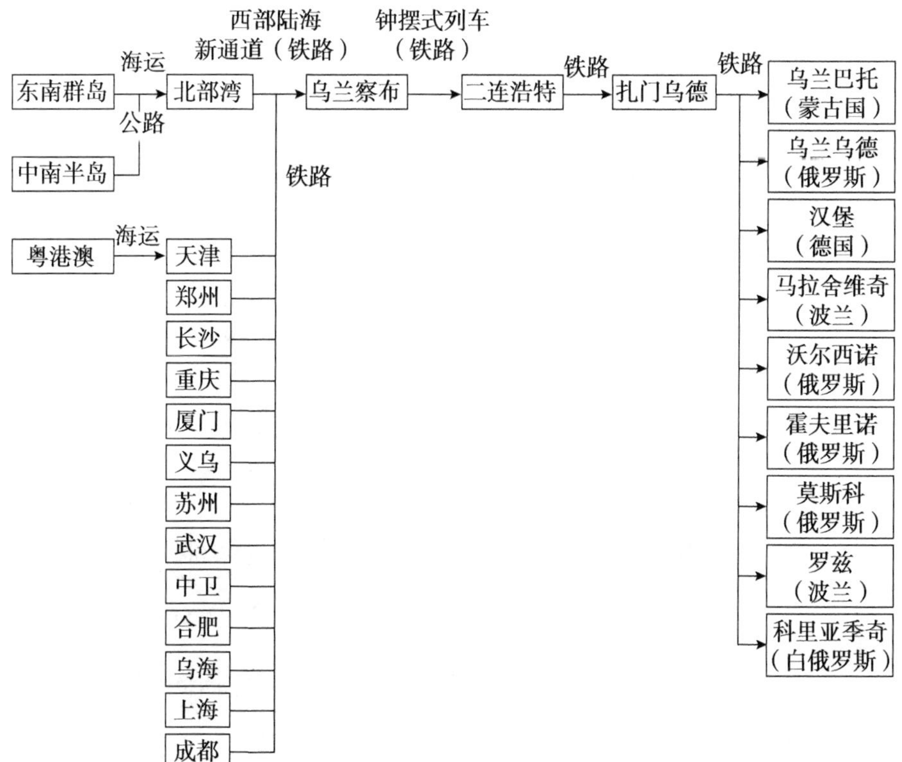

图5　乌兰察布—二连浩特联动枢纽干线运输服务网络示意

支线运输服务。乌兰察布—二连浩特联动枢纽将经公路运输至境内外500公里范围内。其中，境外主要运达蒙古国扎门乌德、乌兰巴托、达尔汉三市；境内主要运达呼和浩特、大同、张家口、北京、天津、保定六地。乌兰察布—二连浩特联动枢纽支线运输服务网络示意如图6所示。

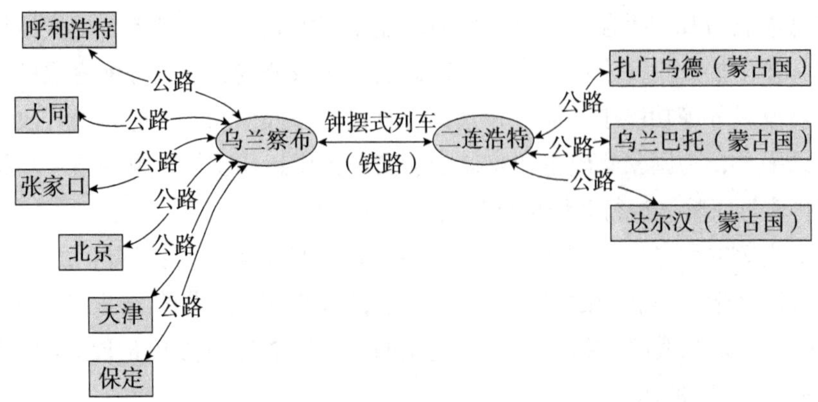

图6　乌兰察布—二连浩特联动枢纽支线运输服务网络示意

配送服务。主要为服务枢纽所在城市及乡镇居民消费品的配送业务。其中，乌兰察布市配送路径为乌兰察布一级配送中心—各市区和各区县二级配送中心—各乡镇和街道三级配送点—最终用户；二连浩特市配送路径为二连浩特二级配送中心—各乡镇和街道三级配送点—最终用户。乌兰察布—二连浩特联动枢纽配送服务网络示意如图 7 所示。

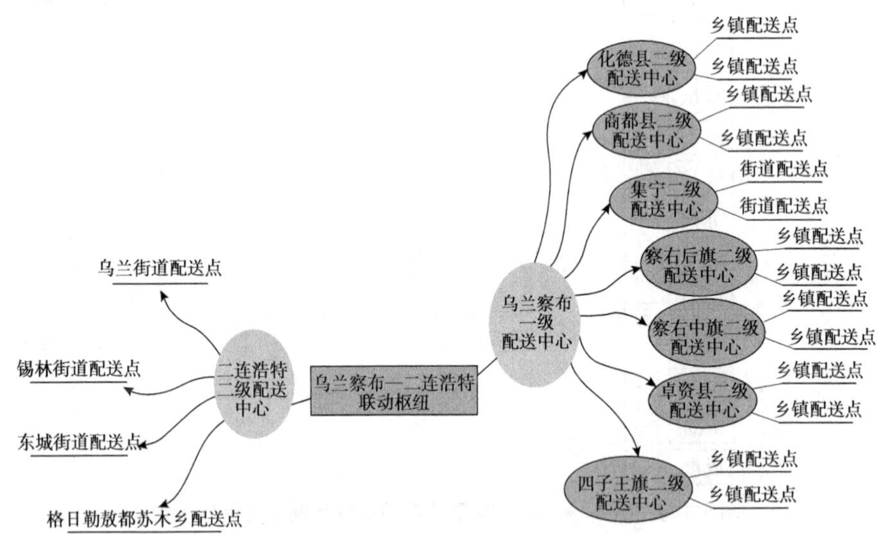

图7　乌兰察布—二连浩特联动枢纽配送服务网络示意

仓储分拨服务。物资在乌兰察布—二连浩特联动枢纽进行的干支衔接和转运分拨业务。其中，具体业务按中转、自提、送货、分拨四个类别开展。

口岸通关服务。为经二连浩特口岸进出口货物开展的口岸通关业务，其中，按货物类型分为单一品货物、散杂货物、拼车货物和转关货物四类。

商贸供应链集成服务。为枢纽周边的商贸企业，特别是跨境商贸企业提供供应链集成服务。包括调度、班列订舱、场站仓储、多式联运、关务制单、结算支付等。

生产供应链集成服务。为枢纽周边的工业生产企业，特别是落地加工企业提供的供应链集成服务。包括仓储、运输、口岸、增值服务等，以综合解决方案形式向客户企业提供。

信息服务。为枢纽自身提供一体化管理系统，为枢纽与其他国家物流枢纽之间实现信息互联互通，与市场监管、税务、海关、口岸、物流、交通运输等政务平台实现数据互换，提高各类物流信息共享和整合的水平。

（二）主要特点

乌兰察布—二连浩特联动枢纽与内陆次前沿地区形成联动发展，既把口岸优势发挥，又规避了口岸的发展空间和资源问题，同时也把后方腹地的产业和空间有效利用，更好创新国际化发展环境，衔接后方市场空间，形成通道经济发展的微缩模型。

1. 枢纽具有明确的协调联动方向

乌兰察布、二连浩特两大国家物流枢纽，在空间上兼顾两市城市功能和产业布局，适应和拉开区域一体化发展的格局；在物流服务功能上围绕特色资源的交叉整合，形成差异化和互补性发展；在物流运作上有机对接，牵引构建城市物流系统。

两枢纽错位交叉整合资源。乌兰察布陆港型国家物流枢纽以干支对接运输资源整合为特色，以运输组织为核心，整合区域内的运输资源，着力构建干支网络平台。运输资源整合不限于陆港型国家物流枢纽内，乌兰察布市的铁路、铁水联运等干线开行，特别是铁路运输的开行，应统一到陆港型国家物流枢纽运作平台上，开展统一组织，形成规模效应。二连浩特陆上边境口岸型国家物流枢纽以口岸物流资源整合为特色，以国际物流组织为核心，整合区域内的国际物流资源，着力构建便利化通关平台。

拉开区域一体化发展空间格局。按照内蒙古自治区乌兰察布、二连浩特区域一体化发展总体部署，两市承担着新时代自治区新的区域增长极的重要使命，未来增长潜力巨大。从区域功能优化与完善的角度，需要拉开区域发展的空间格局，在两市范围内的多个空间方向上，形成各类开发区、小城镇等产业、人口聚集区。相应地，从支持区域功能区优化布局的角度看，乌兰察布—二连浩特联动枢纽四个片区分布于两市的不同空间上，形成物流要素聚集和有效服务，从而对产业运行和人口消费等提供有效的就近服务，并引导区域产业发展要素进一步优化布局，构架物流服务系统的合理空间结构。

覆盖物流多种运作功能。乌兰察布、二连浩特具备铁路、公路、民航、铁水联运、国际铁路联运等多种通道化的运输条件，不同功能的运作依托不同的交通或口岸枢纽设施在分散的空间上形成发展。为适应这种分散性的发展功能条件，两市物流枢纽四大片区在运作上形成功能的错位。其中，七苏木物流基地重点承担铁路干线运输与加工业供应链集成功能，北方陆港物流中心着力承担公路分拨与跨境商贸物流集成功能，浩通物流园聚焦于铁路口岸与保税物流服务，汇通环宇物流园着眼于公路口岸与保税物流服务。

2. 枢纽管理体制机制层面的创新

建立统一协调的枢纽推进管理机构与机制。由于两市在行政隶属上存在现实的层级差异，建议两市相关管理部门在上级部门支持下打破层级差异，按照国家物流枢纽协同建设的实际要求，由两市主管业务部门组建联合协调小组，负责国家物流枢纽建设、运行事宜的日常联络和信息交换，为两市负责国家物流枢纽建设的主管市领导建立常设联系管道，为两市领导在重大事宜上的协商沟通提供前期准备与协商平台。同时，由国家物流枢纽的主要运营企业组建业务协调小组，与联合协调小组保持密切联系，及时上报相关情况和相关诉求，压缩决策层级、提高决策效率。

强化市场协同机制并顺畅政企协同机制。由于两市国家物流枢纽的异地布局，两市政府行政管理体制也因层级差异而无法重合，无法回避两市各个相关管理部门在涉及国家物流枢纽建设的某些领域，存在职权错位和权限不等的问题。因此，在现有两市物流管理体制框架的基础上，国家物流枢纽运营核心企业间的自洽，应成为政府协调的必要补充，为此，必须建立两枢纽核心企业市场层面的协作机制，打造统一运营平台，实现在实际运行层面以效率、效益为导向的协同，进一步完善管理体系的运行机制，突出“顶层决策、部门协商、领域协调、政企配合、企业合作”的机制运行功能，突出政府协调职能与企业衔接接口，为两市在国家物流枢纽协同建设的实际运作创造机制条件。

建立与两市物流管理体制相对应的运行协调机制。在注重两市间加强协调手段和力度的同时，两市自身也应由各自主管物流的市级领导牵头，就全市物流发展问题召集全市相关部门共同构建本市部门联席会议制度（或类似制度），指定执行和办事机构并负责两市之间国家物流枢纽建设协同发展相关事宜的沟通联系与信息交换，对国家物流枢纽建设运行中的执行情况和各类问题做出总结和汇总，在交换信息的同时分别上报各自主管市领导，由两市领导主持协调后形成统一意见与各类解决方案，由两市各相关部门各自负责，分工把口，相互配合，并负责督促和检查各自任务完成情况。

建立以做大增量为导向的地方利益协同机制。一是确立经济发展环境以整体利益覆盖枢纽运营局部利益的思路，凝聚两市政府间发展共识，建立合理的两枢纽整体运营投资分散、税收分配机制，打通物流要素、服务功能布局的行政分割障碍，真正实现两枢纽融合发展，营造统一的良好经济产业整体发展环境。二是确立做大整体经济发展利益优先的思路，在两枢纽协同发展关联的产业布局和发展层面，完善国土开发、企业注册等领域的利益协同发展政策，鼓励发展飞地模式，围绕平台化和网络化企业在两地注册管理，创新相应的税收管理模式，实现地方发展利益的有效协同，打通经济要素统筹布局障碍，进一步凝聚发展合力。

3. 创新口岸通道经济发展模式

中蒙俄经济走廊是我国“六廊六路”的重要组成部分，是我国向北开放，推进国际经贸合作的重要产业承载带。乌兰察布和二连浩特作为通道前沿地区，从通道经济产业合理布局、通道产业组织整体优化的角度看，理应在国际经济走廊建设中发挥重要作用，提升通道经济走廊发展质量。

作为中蒙俄国际通道前沿的口岸地区，两市是国际经济要素交换的窗口，在口岸区域实现产业落地布局和产业组织化，对发挥国际国内两种资源条件，提高辐射两个市场水平，整体提升通道经济发展层级，均具有十分重要的作用。因此，两市加快经济发展空间功能、国际功能等核心功能整合，推动陆上边境前沿地区枢纽经济发展，打造国际经济走廊建设核心产业组织中心，对高质量推动我国重要国际经济走廊建设具有积极示范引领意义。

以乌兰察布—二连浩特联动枢纽的四个组成片区为核心载体，利用枢纽的设施条件和业务基础，构建快速、高效、低成本的服务国内、辐射蒙古国、俄罗斯的国际物流网络，形成国家物流枢纽与产业融合发展的物流服务核心圈。吸引各类产业发展要素在乌兰察布—二连浩特联动枢纽周边区域聚集，形成国家物流枢纽与产业融合发展的产业要素聚集圈。在两市范围内，通过要素整合和要素的优化配置，为相关产业的聚集发展提供支撑，形成与国家物流枢纽具有紧密关系的关联产业发展圈。通过物流服务核心圈、产业要素聚集圈和关联产业发展圈之间的融合联动，形成国家物流枢纽与产业融合发展的经济发展生态圈。

中国物流专家专著系列

1.《北京奥运物流系统规划》	张文杰	2007年02月
2.《传统物流与现代物流》	宋耀华	2007年04月
3.《中国物流（第2版）》	丁俊发	2007年05月
4.《企业物流信息系统整合与应用》	于宝琴 等	2007年06月
5.《供应链风险预警机制》	刘永胜	2007年07月
6.《现代物流与经济发展——理论、方法与实证分析》	刘　南 等	2007年08月
7.《集群式供应链库存优化与应用》	黎继子 等	2007年09月
8.《区域物流系统建模与实务》	张　潜	2007年09月
9.《物流与供应链中的三大问题研究》	黄祖庆	2007年10月
10.《中国铁路现代物流发展战略》	张　诚	2007年10月
11.《集群式供应链理论与实务》	黎继子 等	2008年11月
12.《企业间关系形态研究》	于唤洲	2009年05月
13.《玻璃包装回收物流系统》	杨晓艳	2009年05月
14.《物流成本管理理论及其应用》	黄由衡	2009年08月
15.《供应链风险管理》	刘浩华	2009年09月
16.《回收产品再生物流理论模型及协商机制》	周三元	2009年09月
17.《服务供应链管理》	刘伟华 等	2009年10月
18.《农产品物流框架体系构建》	李学工	2009年10月
19.《国际物流与制度因素》	王国文	2010年05月
20.《物流的内涵和物流战略管理实践》	靳　伟	2010年05月
21.《铁路现代物流中心综合发展规划理论与应用》	韩伯领 等	2010年12月
22.《区域物流协调发展》	张中强	2011年03月
23.《现代物流服务体系研究》	贺登才 等	2011年04月
24.《铁路物流发展理论及其支撑技术研究》	张　诚	2011年06月

25.《生产物流系统工作流管理关键技术研究与实践》	杨志军	2012年05月
26.《基于成员目标定位的大规模定制模式下供应链运作》	姚建明	2014年04月
27.《物流外包风险分析与控制策略研究》	徐　娟	2014年06月
28.《应急物流运作》	侯云先 等	2014年09月
29.《城市群物流需求空间分布特征研究》	葛喜俊	2014年09月
30.《物流企业创新》	田　雪	2014年12月
31.《不确定因素下物流配送车辆路径规划问题的建模及优化方法》	王　君	2014年12月
32.《成品粮应急代储系统协调机制研究》	翁心刚 等	2015年03月
33.《果蔬冷链物流系统安全评估及优化研究》	杨　芳	2015年05月
34.《基于协议流通模式的农产品信息追溯体系研究》	王晓平 等	2015年05月
35.《我国制造业与物流业联动发展研究》	王茂林	2015年07月
36.《大数据时代农产品物流的变革与机遇》	张天琪	2015年09月
37.《供应链风险管理》	王　燕	2015年09月
38.《区域物流需求预测研究》	程肖冰 等	2015年10月
39.《物流企业多元化发展研究——从战略协同视角》	杨　丽	2015年12月
40.《区域物流枢纽演化及规划研究》	陆　华	2015年12月
41.《社会物流成本核算》	汪芸芳 等	2016年08月
42.《基于应急供应链的救灾物资配送模糊决策研究》	朱佳翔	2017年01月
43.《闭环军事供应链网络规划与设计》	张　飞	2017年03月
44.《物流产业生态系统视角下缓解城市雾霾理论与实证研究》	张　诚 等	2017年06月
45.《企业物流外包决策研究》	白晓娟 著	2017年12月
46.《经济新常态下城市物流空间结构特征及演化机制研究——以长沙金霞经济开发区为例》	戴恩勇 等	2017年12月
47.《大规模定制化物流服务模式下物流服务供应链调度理论与方法》	刘伟华 等	2018年01月

48.《基于实习基地模式的物流实践性人才培养研究》 章 竟 2018年12月
49.《服务供应链管理（第2版）》 刘伟华 等 2019年08月
50.《北京农产品物流模式创新研究》 唐秀丽 2020年06月
51.《智慧物流生态链系统形成机理与组织模式》 刘伟华 2020年12月
52.《物流枢纽经济发展模式与运行机理研究》 朱占峰 等 2020年12月
53.《国际陆港理论与实践》 徐德洪 2021年10月
54.《我国物流通道建设相关因素分析与方法研究》 汪芸芳 等 2021年11月
55.《现代物流体系建设理论与实践》 刘 伟 2021年12月
56.《需求更新与行为视角下的物流服务供应链协调问题研究》 刘伟华 2022年05月
57.《生鲜农产品冷链智慧溯源系统的设计与实现》 童光展 等 2022年10月
58.《物资保障建模与系统动力学仿真》 王 敏 2023年01月